NISA　保 …… キリ分かる

…にかかる

# お金大全


ファイナンシャルプランナー
寺澤真奈美

投資・ビジネス書作家
寺澤伸洋

光文社

# 「子どもにかかるお金」について

ファイナンシャルプランナー

**寺澤真奈美**

家計見直しを強みとするファイナンシャルプランナー。個人相談や企業コンサルとして活動中。専門家としての知見と、貯金ナシの状態から息子２人分の大学進学までの教育費を捻出した経験をあわせて、皆さんのお手伝いをしていきます。

大学３年生（20）と
中学１年生（12）の
息子２人の父母

# わたしたちと いっしょに 勉強して いきましょう！

投資・ビジネス書作家
寺澤伸洋

東京大学経済学部卒業後、日系メーカー、AmazonJapan 勤務を経て、2020年から作家、講演家として活動中。初心者にも分かりやすい、お金や投資についての基本的な知識や最新の情報をお伝えします。

はじめに

# 子育てに関わる〝お金の不安〟の正体

「家族が増えました！」

「おめでとう！」

家族にとって、子どもの誕生というのは非常にうれしい出来事であり、これから先の子どもの成長も楽しみなものです。

その一方で、これまでになかったさまざまな悩み事が同時に押し寄せてくるのも事実。子どもの健康や成長について、家事と育児と仕事の両立について……など、悩みの内容は多様ですが、**中でもシビアに迫ってくるのが、子どもにかかるお金についての悩み**でしょう。

誕生と同時に、赤ちゃんの洋服、ベビーベッド、ベビーカー、粉ミルク、おむつ、離乳食、赤ちゃん用のイスなど……これまでにはなかった、細かな出費が絶え間なく続きます。

さらに、成長するにつれて、習い事や塾、学費など、出ていく金額が桁違いに増えていくことには、その都度、動揺してしまうことでしょう。

ところが、頼みの綱の収入は、子どもの誕生と同時に増えるどころか、ほとんどの場合で減ることになります。

会社員の場合には、産休・育休に入っても雇用保険から手当は受け取れますが、それまで受け取っていた給料の5～7割程度に減ってしまうことは避けられません。育休明けに子どもを保育園に預けて会社に復帰したとしても、時短勤務をせざるを得ない場合もあるでしょう。やはり収入は出産前よりも少なくなることがほとんどです。

雇用保険に加入していないフリーランスや自営業者の場合は、お休みしている間の収入はゼロになりますから、さらに厳しくなるでしょう。

つまり、**子どもの誕生によって「出費は跳ね上がるのに、収入はがくんと落ちるかゼロになる」——これこそが、子どもに関連する最大の悩みになる**、というわけです。

「お金がかかりすぎるから子どもは持たない」がダントツ

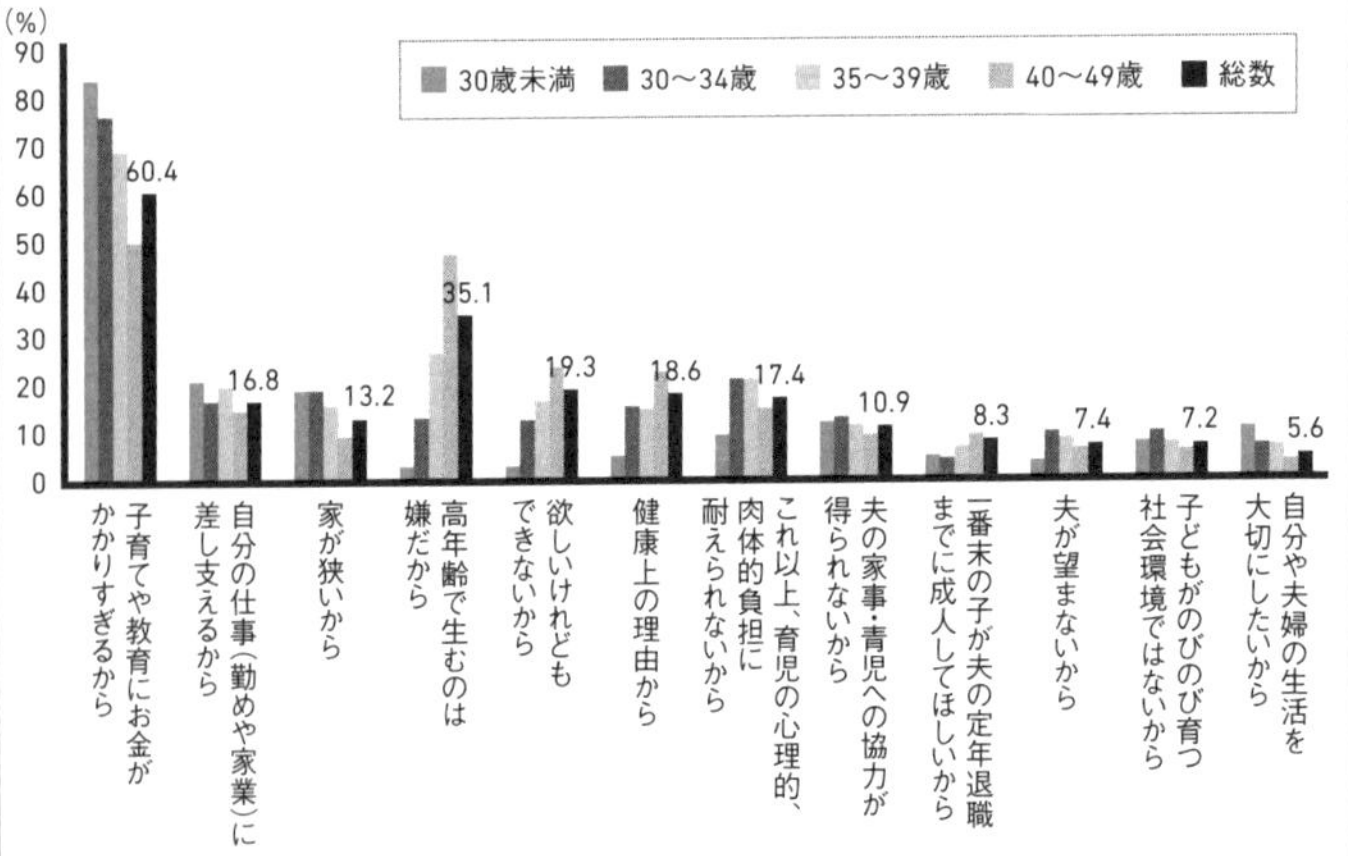


資料：国立社会保障・人口問題研究所「第14回出生動向基本調査（夫婦調査）」（2011年）

注：対象は予定子ども数が理想子ども数を下回る初婚どうしの夫婦。
予定子ども数が理想子ども数を下回る夫婦の割合は32.7％。

事実、20～40代の夫婦が子どもを欲しがらない理由として上のようなアンケート結果が出されています。日本人の多くが「経済的な理由」を理由として子どもを作らないという選択肢を選んでいることが分かります。

その結果、厚生労働省の人口動態統計速報では、2022年に生まれた赤ちゃんの数は、前年比5・1％減の79万9728人に。統計開始から、はじめて80万人を割り込む結果となりました。

しかし、仕事やイベントを

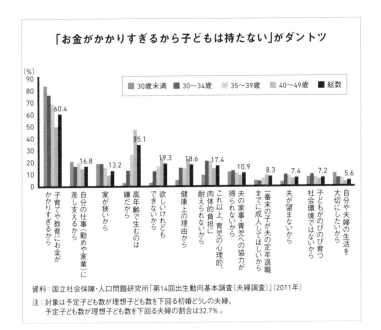

通じていろいろな方とお金の話をしていると、皆さん漠然と「子育てにはお金がかかる」と思っているものの――

- **実際にどれくらいお金がかかるか**
- **何歳までにいくら貯めておけばいいか**

といった重要なポイントを具体的にイメージできている人がかなり少ないように感じます。

さらに、子育てにお金がいくらかかるか分からないということに加えて、

- **投資の仕方や公的制度があることを知らなかった**

という人も少なくありません。

その結果、子どもにかかるお金の不安にとらわれ、子どもを持つ選択肢そのものや、2人目の子どもを持つことを諦めるケースが多い状況になっているのです。

## 子どもにかかるお金に困らなくなる「5つのステップ」

本書は、そんなお金の不安から子どもを持つことをためらっている、または諦めている人たちに向けて記したものです。

投資系作家（夫）とファイナンシャルプランナー（妻）という、お金との関わりが深い仕事をしている私たち夫婦が、これまでに得た経験と知識を持ち寄って、これから皆さんへ「子どもにかかるお金のすべて」について、分かりやすくお伝えしていきます。

具体的には、次の5つのステップで、本書を手に取っていただいた皆さんの不安を吹き飛ばせるように構成しています。

STEP❶▶▶▶家族会議でお金のことを話してみよう！
STEP❷▶▶▶子どもにかかるお金の流れを把握しよう！
STEP❸▶▶▶子どもにかかるお金の事例を知ろう！
STEP❹▶▶▶子どもにかかるお金を準備する方法を知ろう！
STEP❺▶▶▶わが家のお金の状況を把握しよう！

STEP❶では、お金全般についての考え方や価値観を家族ですり合わせる必要性と、その方法について解説しました。お金のリテラシーを高めると同時に、これから長く続く子育てを互いに助け合うためのマインドセットをここで作っておきましょう。

STEP❷では、子どもの誕生から大学卒業まで、どんなタイミングでどんな出費があり、いくらぐらいかかるのか？　をまとめています。先々にかかるお金の全体像がつかめるので、〝漠然とした不安〟が払拭されたり、予想もしなかった出費に慌てるといったことも防げるでしょう。

STEP❸では、「お金が貯まらない家計あるあるケーススタディ」として4つの実例を挙げました。「贅沢しているつもりはないのにお金が貯まらない！」という人のお金の学び直しとして役立つでしょう。

そして、STEP❹では、お金を用意するためには、どんな方法がおすすめなのか。私たちが実際に実践してきた、お金がお金を呼ぶ投資術を中心に解説しました。

最後のSTEP❺では、家計の棚卸しと見直し方法を学んだあと、目標達成を〝見える化〟するためのプランニングシートを作っていきます。実際に自分たちの子どもにかかるお金を具体的な数字として把握し、そのために必要な期間を割り出すためのツールです。具体的な数字は、きっとモチベーションを高めるための強力な材料となるはずです。

そして、本書を読み通してもらうことで、私たちが皆さんに提供できる価値は、次の3つです。

**①子どもの誕生から大学まで育てるのに必要なお金について知り、それを用意する術《すべ》を知識として得られる**
**②生涯にわたってお金に苦労をすることのない、「お金に対する感度」が高まる**
**③安心して「子どもを持つ」という選択ができるようになる**

特に③については、「子どもは欲しいけどお金がないから諦める」という人たちにとって、本書が背中を押す〝勇気の書〟となれるように願っています。

本書が皆様の人生を変える一助になれば幸いです。

寺澤真奈美・寺澤伸洋

# 目次

# CONTENTS

STEP 1

# 家族会議でお金のことを話してみよう！

## STEP 2

# 子どもにかかるお金の流れを把握しよう！

# STEP 3 子どもにかかるお金の事例を知ろう！

# STEP 4

# 子どもにかかるお金を準備する方法を知ろう！

※本書で紹介している情報は2023年5月現在のものです。本書には投資や保険、公的・民間組織における助成金などに関わる役立つ情報を掲載していますが、あらゆる意思決定、ご判断はご自身の責任において行われますようお願いいたします。ご自身の判断のもとで損害が発生した場合、著者、光文社および本書掲載のすべての機関は一切責任を負いません。また、2023年5月以降に掲載された情報に変化があった場合、その変化は反映されておりません。ご了承ください。

# STEP 5 わが家のお金の状況を把握しよう！

# 子育てやお金の「価値観」を家族で共有

# STEP 1

# 家族会議でお金のことを話してみよう!

# 「お金に対する感度」を高めるために

家族がそれぞれ稼いでくるお金は家庭のお金。それをどのように使うべきかは、各々が勝手に判断するのではなく、家族会議で決めていきましょう。家族会議をする目的は、主に3つあります。

## 家族会議の目的❶ 価値観をすり合わせる

まず1つ目は、お金に対する価値観のすり合わせをしておくためです。

どこをゴールにするのか。そのためにはどんな具体策が必要か。子どもの養育・教育費以外にかかる生活費とのバランスはどうするか――それらすべてに関する考え方や感覚を家族で共有する。それが、「子どもにかかるお金に困らない」ライフプランのスタートラインとなります。

とはいえ、子育てのゴールをどこに設定するかについては、すり合わせても平行線になることがあるでしょう。
例えば、わが家の場合、次のようなゴール設定の違いがありました。

真 **妻：真奈美の「子育てのゴール」**
⇓ 心身の健康管理や家事がしっかりできる「生きる力」を身に付けること

伸 **夫：伸洋の「子育てのゴール」**
⇓ 自分の力でしっかり稼げる能力を付けることで「生きる力」を身に付けること

このように、同じ「生きる力」でも、考えることが少しズレていたことから、多少の意見のぶつかり合いになったこともありました。ですからお互いに何を大切に思っているのかについて知り、それについて話し合うことは、非常に大切です。

## 子どもの気持ちを考え、途中下車してもいい

ゴール実現のための経験や学習に関する選択をする際に、子ども自身が「よく分からない」ということもあるでしょう。そんなときには、一度経験してみて、「嫌だったらすぐにやめてもOK」にする。これが大切です。

子どもがイヤイヤ続けていることに大金をつぎ込み、後戻りできなくなる……という事態にならないように、最初から親子で「途中下車してもいい」と確認しておいてください。

この目的のために必要な家族会議の議題については、26ページから詳しく解説していきます。

## 家族会議の目的❷ 漠然とした不安の解消

家族会議の2つ目の目的は、「漠然とした不安をなくす」ためです。

「教育費が足りなくなるかもしれない」「老後の資金を失うかもしれない」……そんな「かもしれない」に対する不安があるから、「子どもは持たない」もしくは「持てない」と考えてしまいます。

しかし、それは事実なのでしょうか？

実際に、子どもが成人するまでにどんな教育をして、それにはどれぐらいかかるのか。それを家族の収入でまかなっていけるのか。教育費以外の生活費とのバランスはとれるのか。国や自治体、民間企業から受けられる助成にはどんなものがあり、わが家は助成対象に該当するのかどうか……など。

これらを実際に洗い出したり、調べたりしている家庭は少ないように思います。

それでは、不安になるのも無理はありません。人は、未知のことに対しては、不安を抱くのが当たり前だからです。

だからこそ、**家族会議でお金に関する本当のところを目の前に広げて、子どもが成人するまでの流れを俯瞰し、全体像を把握することが重要**なのです。

全体像がつかめれば、現実的に「できること」「できないこと」が分かってきて、おぼろげながら、今後の見通しがついていきます。こうなると、気持ちが落ち着いてきて、漠然とした不安も徐々に薄まってくるでしょう。

本書の巻末には、皆さんに実際に書き入れていただけるプランニングシートを用意しました。全体像をつかむためにも役立つツールですので、ぜひ活用してください。

## 家族会議の目的❸ お金への感度を高めていく

家族会議の3つ目の目的は、家族で話をすることで「お金への感度を高めていく」ことです。

価値観をすり合わせたり、お互いが持つ情報の共有を重ねていくと、徐々にお金に対する感度が高まり、適正な使い方や効果的な蓄財方法に対して意識をするようになっていきます。

お金に対する感度は、家族の生活の土台となる、非常に重要な要素です。どんなに収入が高くなっても、この感度が低ければ、お金の不安がなくなったり、生活が楽になったりすることは望めません。

なぜなら、不必要に高い保険を契約し続けてしまったり、ほとんど乗らない車の維持費にお金をかけていたり、家族全員の携帯電話をコストが高い大手通信キャリアで契約していたり……というように、不合理なお金の使い方をしてしまうからです。

これでは、どんなにダムに水をためても、無数にある穴からどんどん水が流れ出ていくようなもの。

お金への感度を備えることで、無駄に水が流れ出してしまう穴ができないようにすることが必須です。

そして、お金の感度は、時代の変化、ライフスタイルの変化に合わせてアップデートしていくことも欠かせません。

そのため、本書では、お金の感度を高めることを最重要事項と位置づけ、お金の話を家族会議ですることの必要性を述べています。

家族会議を経てから、ＳＴＥＰ２で子どもにかかるお金の流れを把握し、ＳＴＥＰ３のケーススタディでよくある失敗から学び、ＳＴＥＰ４でお金を用意する術を学んでいく……そんなイメージで読み進めてください。

# 家族会議で話し合うべき3つの議題

では実際に、家族会議ではどんな内容を話し合えばよいのでしょうか？
家族会議で話すべき議題は大きく次の3つ。基本テーマは価値観の共有です。

**【議題❶】子どもが何をしたいか、どんな道に進みたいか**
**【議題❷】子育てに関する考え方をすり合わせる**
**【議題❸】子育て資金の目標額と計画を共有する**

次から、それぞれについて深く掘り下げていきましょう。

真

議題1

# 子どもが何をしたいか、どんな道に進みたいか

小学校低学年には「どんな習い事をさせたらいいんだろう」。

小学校中学年になると「塾に行くか行かないか……」。

そして、高学年にはいよいよ「中学受験はどうするか」――

子どもが大きくなるにつれて、そんな選択肢に頭を悩ませている人は多いことでしょう。


このとき、後回しにされてしまったり、抜け落ちてしまうのが「子どもの意思を確かめること」です。

特に、子どもが幼稚園や保育園、小学校低学年などの小さいうちは、親が子どものためになるだろうと考えたり、周りの子どもたちの様子を見て選んだものを習わせたり……といった形で、親主導で決めることが多くなります。


しかし、子どもの習い事や進路について決めるときは、その都度、家族会議を設け、子どもの気持ちや考えを時間をかけて聞くことを強くおすすめします。

というのも、習い事や塾通いには、お金だけではなく、子どもと親双方の労力や時間といったリソースが思った以上にかかるからです。

例えばスポーツなどの習い事の場合、毎月の受講代やレッスン費はもちろん、場合によっては道具やユニフォームをそろえることも必要です。また、子どもが成長すればその都度、身に付けるたぐいのものはサイズアウトするため、買い替えが避けられません。

通う場所によっては親の送迎が発生することもありますし、大会やイベント、合宿などがあれば、事前準備の手伝いも必要です。

また、高学年の塾通いともなれば、夕食用のお弁当の準備や、大量のプリントやスケジュール管理に悲鳴を上げている親御さんも少なくありません。


それでも、子ども自身が強く「やりたい！」と言ったことであれば、親も頑張りがいがあるというもの。

ところが、親が主導で決めていたケースでは「自分は特別好きじゃないけど、やるとお母さんが喜ぶから」「お父さんに言われたから嫌だけどやってる」といった子どもたちがめずらしくありません。

特にまだ幼い場合には、親から言われたことは「やらなければいけない」と思い込み、嫌いなことでもイヤイヤ従ってしまうことがよくあります。

それは例えば、こんな子どもの様子から分かります。

**●ピアノ教室でずっと同じ曲を練習していて上達する様子がない。自宅でも自分から練習することがない**
**●塾やそろばんに通っているが、時間内ずっと集中しておらず問題にほとんど取り組まない**
**●習い事の時間になると元気がなくなったり、口数が少なくなる**
**●親に黙って習い事を休んでいることを、後に先生から聞く**

子どもは自分が好きなことに対しては、放っておいても夢中になって取り組みます。しかし、そうではない場合には、当然ながらスキルが伸びることもなければ、楽しさや喜びを味わう経験にもなりません。

たとえ上達が遅くても、結果がすぐに結びつかなくても、子ども本人がやりがいや楽しさを感じているなら、続ける意義があると思います。

しかし、そうではない場合には、残念なことに時間とお金を不毛に費やしただけ……ということになってしまうことにもなりかねません。

そうした事態を避けるためにも、何かを始めるときには、子どもの気持ちや考えをよく聞いてほしいのです。

「低学年の子には、意思確認が難しいのでは？」と思うかもしれませんが、伝わるように話す努力をして、ぜひ一度トライしてみてください。

子どもは意外といろいろなことを感じていたり、考えたりしているものです。それがぼんやりしていたとしても、親が丁寧に聞き取りをして、分かりやすい言葉に置き換えてあげることで、自分の気持ちや考えにはっきりと気が付くこともよくあります。

また、先述のように、子どもの年齢や性格によっては、親や先生、友だちからの言葉に無抵抗に従ってしまっていることもあります。

その場合もまた、親が丁寧に気持ちを聞いてあげることで、「嫌だったらやらなくてもいい」「自分がやりたいことを選んでもいい」と気づくことにつながるでしょう。

私自身、息子が小学校中学年のころから「○○を始めたい」「○○を買ってほしい」と言われたときには、実際にかかるお金を洗い出して、そのうえでよく話すようにしています。

　そして、同じ金額で他にできることを提示して比較したり、本当にこのお金を出すことで、彼自身にとってそれに見合う経験が得られるのかについて、考えさせる時間を作ります。

　なぜなら、子どもが自分から「やりたい」と言ってきた場合でも、よくよく話を聞くと「○○ちゃんもやっているから」「行くと友だちがいるから」といったことがあるからです。

　それもまた、自分の内側から生まれた好奇心や興味からではない以上、親主導で「何となく始めた」場合と着地点は同じになりそうです。そのため、やはりかかるお金とその他のリソースについて話して聞かせ、意思確認を丁寧にしてください。

　それでも子どもが「どうしてもやりたい！」と言うときは、わが家の場合、一度「お試し」でやってみて、「ダメならすぐやめてOK」というスタンスをとっています。

　習い事の場合、新品の道具を一式全部そろえてしまったり、「一度始めたことは最後までやり通す！」という根性論で挑んでしまうと、「最後までやり通さないとかっこ悪い」とか「やめたらもったいない……！」という心理が働いてしまうためです。

　そうなると、子どもが「思っていたのと違った……」「自分には向いてなかった」となったときも、後戻りできずにいつまでもお金と時間と労力をつぎ込み続けてしまい、親子そろって心身共に消耗します。

最近は「受験沼」「教育沼」といったワードを見聞きすることがありますが、これこそ、後戻りできなくなったケースの最たるものでしょう。子どもが塾や受験を嫌がっていても、塾代で家計がひっ迫していても、これまでかけたお金や労力がプレッシャーとなって「今やめたらもったいない！」と、いつまでも抜け出せなくなってしまうのです。

こうした「沼」を避けるためにも、**最初はコストも気持ちも「お試しサイズ」でスタート**してください。

例えば、スイミング教室であれば、最初は自治体の施設などで運営されている比較的安価な体験教室に申し込む。野球などの道具をそろえるのにコストがかかるものであれば、お下がりや中古にする……など。最初はレンタルでもいいかもしれません。

塾の場合であれば、体験コースや夏期・冬期講習だけにまずは申し込んで、様子を見るのもよいでしょう。

また、子どもの気持ちを確かめるのと同時に、親御さん自身も自分によく問いかけてみてください。

というのも、親の「自分は諦めてしまったから頑張ってほしい」とか、逆に「自分もそうしてきたから子どもも同じようにするべきだ」といった気持ちから、子どもに習い事や進路を強くすすめてしまうことがよくあるからです。親だけではなく、「祖父母がそうすすめるから」といったケースも中にはあるようです。

教育熱心なのは悪いことではありませんが、子どもの気持ちを後回しにしてしまうと、先のような「沼」にハマる可能性が高くなります。

とはいえ「子ども主体で子どもの意見を聞く」といっても、人生経験がまだまだ少ないのが子どもです。**伝え方、言い方がフラットになるように配慮しつつ、「こういう選択肢もあるよ」と、情報提供するのも親の重要な役割**となります。

また、親自身が適切な情報を提供するには「知識が足りない」と感じたり、感情が上回って「冷静になれないかも……」と感じることもあるかもしれません。

そんなときには、子どもが通う学校の先生や先輩、情報源を持っていそうな人を探して、「相談してみたら?」と提案することも、重要な役割かと思います。

真

## 議題❷ 子育てに対する考え方をすり合わせる

子どもの気持ちを確かめることに加えて、**家族それぞれの子育てに対する考え方についても、早い段階からすり合わせておく必要があります。**

幼少期はあまりすれ違いは起こりませんが、進路や受験について考える段階になったときに、はじめてお互いの考え方の違いに気が付くこともよくあることです。

ズレが生じたとき、お互いに「子どものために」という強い思いがあるため、言い争いに発展することがめずらしくありません。

実際に、けんかに発展するよくある原因の1つが「子どもの教育に対する価値観の違い」ともいわれています。

子どもにはどんなことを最優先に教育をするのか。教育にはどこまでお金をかけていいと考えるのか。

こればかりは「言わなくても分かるだろう」と悠長にかまえることなく、子どもが小さいうちに家族で話し合っておきましょう。

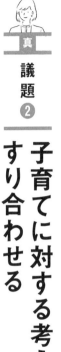

なぜ「早めのすり合わせ」が必要なのでしょうか。

それは、**「教育費は選択によって支出する額が桁違いになるから」**です。

例えば、小学校5年生で「中学受験をしよう！」と、突然夫もしくは妻が言い出し、子どもも「やる！」とその気になったとします。しかし、そこで中学受験用の教育資金を用意していないとすると、急遽、毎月の家計からかなりの額を捻出することになってしまうのです。


中学受験のための集団塾は、授業料が年間100万円以上かかることがほとんど。もしも塾の勉強についていけなくなったら、個別指導も必要になるかもしれません。塾が遠方にある場合は、交通費も必要です。そして、入学試験になれば、平均して4～5校受けるそうですから、受験料を1校2万円とすると、合計で8万～10万円かかります。

そしてめでたく合格したとしても、私立の中高一貫校の場合、1年目にかかる費用は100万円を下回ることはほぼないでしょう。

この一連の支出だけでも、かるく300万円超……これをいきなり1、2年でポンと用意するというのは、一般家庭では相当厳しいといえます。

これがもし、子どもが幼少期のときから中学受験を見据えていたら、10年ほどかけて、無理なく積み立てておくことができるわけです。

もし、子どもが小学校高学年になってから、本人が中学受験を希望しない場合には、その積み立てたお金は高校や大学の進学費用に回すことができるので、かなりの余裕が生まれるでしょう。

家族会議で考え方をできる限り早くすり合わせておくことでこの「余裕」が生まれ、それが家庭を経済的にも心理的にも健全な状態に保ってくれることになります。

すり合わせが難航することもあるでしょう。育ってきた環境が違えば、価値観も異なるのは当たり前です。


わが家も、子どもの教育に対する考え方は、夫婦でズレがありました。

例えば、大学生の長男が「アルバイトをしたい」と言ってきたときには、私は「社会勉強になるから大賛成」でした。

対して、夫は「時間の切り売りをするよりも、今は同じ時間を将来役立つ能力を伸ばすために使ってほしい」という考えでした。


これをお互い一歩も譲らず、正面からぶつければ、けんかになります。しかし、「将来、自分が進みたい業界でアルバイトをする」のであれば、社会勉強にもなるうえ、将来役立つ能力を伸ばすことにもつながりそうです。

こんな形で、お互いの考えが100％満たされなくても、納得のいく着地点になるまですり合わせることは、諦めないでトライしてほしいと思います。

もちろんこのとき、「子どもの気持ち」も加味したうえで、すり合わせをすることが大切です。

議題③

# 子育て資金の目標額と計画を共有する

家族で考え方をすり合わせなければいけないのは、子育ての方向性だけではありません。子育て資金をしっかりと貯めるためには、貯蓄に対する目標やビジョンを共有することが何よりも大切です。

家庭内の貯蓄とは、家族でお金を管理し、力を合わせて目指すもの。そのために押さえるべきポイントは次の3つです。

**1. 家族の合意のもとで計画し、目標を立てる**
**2. 家族でお金を管理する**
**3. お互いの価値観を理解する**

順に詳しく見ていきましょう。

## (1)家族合意のもとで計画し、目標を立てる

「いつまでにいくら貯めよう、いっしょに○○万円を目指そう」と家族会議で提言してみてください。具体的な目標が決まれば、毎年、毎月いくら貯めればいいのかが見えてきます。そして毎月の目標が決まれば、家族皆で家計に向き合い、家族会議で試行錯誤していくことができるようになるのです。

20代、30代の方とお話をすると、やはり「教育費がどれくらいかかるか分からないから心配」という声が圧倒的に多いのですが、実は「分からない」のではなく、「分かろうとしていない」ケースがほとんどです。

しかし、**将来の経済的不安を解消する一番の方法は、今後数年〜数十年にわたる収入と支出をある程度想定すること。**

例えば、子どもが何歳のときに塾に行き出すのか、そのときには何万円の支出があるのか、高校・大学が私立だった場合、入学金や授業料はいくら準備しておかなければいけないのか。そのために支出をいくらに抑えれば何歳でいくらお金が貯まるのか。

こうしたシミュレーションをするだけでも安心感がまったく違ってきます。

もちろんシミュレーションをしたとしても、家族会議で「頑張ってお金貯めようね！」と言うだけでお金が貯まるわけではありません。きちんと毎月の収入と支出を管理し、いくら貯まったのかを確認することが何よりも大切です。

## (2)家族でお金を管理する

僕たちは結婚してからの20年間、家のこと、車のこと、保険のこと、そして教育費や生活費のことなど、2人で意識してお金に関するさまざまなことを家族会議で議論し、実践してきました。

ここで一番大切なことは、**お金のことを人に任せきりにしない**ということです。

人は自分の手から離れたことは意識をしなくなるもの。パートナーにお金の管理を任せっきりにしていて家庭にいくらお金があるかを知らず、いざ子どもの入学金や授業料など大きいお金が必要になった際に、はじめてお金が足りないことを知って青ざめる……というようなことは避けたいですね。

また同様に、家計を共にする家族が稼いでくるお金は家庭のお金ですから、何にいくら使うかという用途についても、お互いがきちんと把握できるようにしておきましょう。

お互いが家庭のお金に関心を持つこと。これこそが資産形成のための第一歩なのです。

## (3)価値観を理解する

いくら家族会議をしても、個々のお金の使い方に対する感覚はまったく違うものです。

旅行をしたいのか、モノが欲しいのか、何にお金を使いたいかの趣向は全然違います。そこをお互い理解しないままお金を貯めようとすると、相手のお金の使い方を否定しあうことにもつながります。

また、単純に節制してお金を貯めるだけでは通帳の上の数字が増えていくだけで、「幸せか?」と言われると、疑問が残りますよね。

我慢ばかりをする人生を通じてお金を貯めるのではなく、家族全員が人生の幸せを追求しながら、お金を貯めていくほうが、健全な生き方といえます。

ですから、支出の減らし方に画一的な答えはなく、それぞれの家庭の状況や嗜好によって適切な解は大きく変わってきます。

とはいえ、限られた収入のなかで、やりたいことすべてを行うわけにもいきません。

そこで、豊かな人生を送るために「お互いが何にどのくらいお金を使いたいのか、また家族で何をしたいか」の優先順位を、家族会議のなかで共有しておくことが大切になってくるのです。

こうして、ある程度決められた金額の範囲内で、お互いが自分の好きなようにお金を使えるようにすることが、家族全員がストレスなく、満足感の高い生活を送っていくことにつながります。

# 誕生から
# 大学卒業まで
# 時系列で分かる
# お金の流れ

# STEP 2

# 子どもにかかるお金の流れを把握しよう!

# 子育て中に出ていくお金、もらえるお金

本章では、子どもが幼少期から大学卒業までに発生するお金の出入りについて、項目を具体的に取り上げ、ポイントを解説していきます。

予想外の出費に「こんなお金必要だったの……⁉」と慌てたり、気軽に手を出して予算オーバーになったり……という事態を避けるためにも、10年後、15年後にかかるお金についてひととおり見渡しながら、全体像をつかんでおきましょう。

**注意してほしいのが、これから挙げていく項目を見て「こんなにかかるの⁉　そんなお金、うちにはない……どうしよう！」と悲観的にならないでほしい、ということ**です。なぜなら、これからかかるお金については、「今現在ない」としても、これから準備することができるからです。

特に、子どもがまだ幼少期の場合は、まさに「お金を準備するゴールデンシーズン」。教育費も習い事もさほど費用がかからないうえ、食費や交通費なども大人と比べたらずっと低く抑えられるためです。

たとえ今現在は家庭内の貯蓄がさほど多くないとしても、本格的に学費がかかるまでにはまだ数年の猶予がありますから、計画的に準備を進めれば十分に間に合うはずです。

子どもが小学生、中学生から大学の学費準備をスタートさせる場合は、貯蓄のペースにそれなりに拍車をかけていく必要があるでしょう。高校生からゼロスタートの場合は、当然ながらさらにハードめな計画と、奨学金や親族からの援助などを含めた計画も検討してもよいかもしれません。

いずれにしても「もう無理だ!」と悲観的になることなく、まずは時系列でかかるお金を参考として頭に入れておいてください。

そして、国や自治体から子育てに対して支援される「入ってくるお金」についても知っておくことが大切です。というのも、中には**自ら申請しないと、もらいそこねてしまうものがある**からです。しかも、申請には期限がある場合も多いため、あとから「これから申請するからお願い!」というのが通用しないことがほとんど。

つまり、「知らないと大損!」ということです。

昨今は、新聞やテレビ、ネットニュースで報道されているとおり、子育てに対してサポートする機運が高まっていることから、国や自治体の子育て支援策が次々と改正、新設されています。しかし自治体によって開示方法がさまざまです。常に最新の情報を得られるように、アンテナをしっかり張っていきましょう。

具体的なお金の準備方法と注意点については、STEP3、4でサポートしていきます。

# 誕生から幼児期まで

先に述べたとおり、幼少期は比較的出費は控えめな反面、もらえる手当が大きいため、将来のための教育費を貯める「ゴールデンシーズン」といえます。

であるにもかかわらず、子どもの誕生に気分が高揚して、本来なら必要ないはずのもの、高額なものにお金をつぎ込んでしまうことにもなりがち。

それを防ぐためにも、お金は「点（今）」だけではなく「線（将来）」も見据えながら、計画的に使う習慣を子育てのスタートから身に付けておきましょう。

## ▼▼▼出ていくお金

**【定期健診代】**

子どもを授かってから、最初に発生する出費が「妊婦健康診査」の費用でしょう。厚生労働省は妊娠初期の妊娠8週から出産まで、計14回の健診を受けることを推奨しています。

基本的な検査のみの場合は3000〜7000円、血液や心電図、細胞検査などがある場合は1万〜2万円。出産までの検査の合計額はおよそ10万〜15万円ほどが目安です。

妊婦健診は保険適用外のため、基本的にはすべて自費になりますが、自治体によって診査費用の一部を助成する制度があります。助成額は自治体によって異なるため、事前に自分が住んでいる地域の自治体へ確認しておくとよいでしょう。

**【病院・出産代】**

厚生労働省が2021年に発表した「出産費用の実態把握に関する調査研究」によると、出産費用の全国平均は46・7万円。選ぶ病院、分娩方法によっても金額は異なりますが、およそ50万円が目安と考えていいでしょう。

ちなみに、地域による価格差も大きく、同調査によると都道府県別では東京都が最も高い55万3021円、佐賀県が最も安い35万1774円でした。

## 【ミルク・おむつ代】

ベネッセコーポレーションが2015年に行った調査によると、赤ちゃんの1年間にかかるおむつ代平均額は2万4000円。

また、ミルク缶は1缶2000〜2500円前後ですから、完全ミルクの生後半年までの赤ちゃんの場合、ひと月に1万円前後が目安になりそうです。離乳食が始まると徐々にミルクの量は減っていきます。

最近は育児支援策として、ミルクやおむつを無償にする自治体も出てきたことが話題になっています。兵庫県明石市が行っている「おむつ定期便」は特に有名ですが、最近では、埼玉県も1万円相当のミルクやおむつを詰め合わせた「ギフトボックス」を無償配布する方針を発表しました。

将来的には、身軽に転居できるうちに子育て支援が手厚い地域に移り住む……といったことが当たり前になるのかもしれませんね。

## 【ベビー用品代】

肌着やベビーカー、哺乳瓶、寝具、ベビーベッド、おもちゃや絵本……第1子の場合は「赤ちゃんのお世話にこんなに必要なものがあるのか！」と驚くことでしょう。実際に、内閣府の「インターネットによる子育て費用に関する調査」によると、0〜2歳児の「生活用品費」の支出割合は特に高くなっていることが分かりました。

親戚や友人からのお祝いやお下がりを上手にやりくりしたり、ベビーベッドやベビーカーなど一時だけ必要になるものはレンタルや中古を利用するなどでコストダウンは可能です。

ベビーカーの価格も数万円から何十万円とさまざまでこだわり出したらきりがありませんが、2、3年で使わなくなる（もしくは子どもがグズって乗らないことも多々ある）ベビーカーに多くのお金をかける必要があるのかどうか、家計と照らし合わせながら、家庭内でよく検討してほしいと思います。

また、保育園へ行くようになると、家庭と保育園の2拠点に肌着と洋服を置くため、多めに枚数をそろえておく必要があります。そのうえ、幼児期はどんどん大きくなるので、服の購入が頻繁になるのが常。そのため、お金をかけているときりがありません。お下がりや中古、セールを利用しながらコストダウンをはかることをおすすめします。

**【離乳食代】**

大人の食事から工夫してとり分ける分には、さほど金銭的な負担はないでしょう。市販の離乳食を利用する場合は、1食200〜300円程度が目安になります。

たまに私が遭遇するのが、「子どもの口に入るものだから」と天井知らずでお金をかけてしまうケース。びっくりするほど高いオーガニック食材をわざわざ取り寄せて離乳食を作っていた人もいます。

このように、**「子どもの健康のため」という思いから、いつもの金銭感覚がエラーを起こしてしまう**ことも。「本当にその食材じゃないとダメなのか?」については、冷静に検討してほしいと思います。

**【幼稚園・保育園代】**

幼児期において、最も負担が大きいのが、幼稚園、保育園にかかる費用でしょう。

2022年に文部科学省が発表した「子供の学習費調査」によると、幼稚園の1年間の学習費総額は公立で16万5126円、私立で30万8909円でした。

認可保育園の費用は子どもの年齢や自治体、世帯所得で差がありますが、統計局の調査によると、2歳児の全国平均保育料は月額3万7755円、1年間だと45万3060円という結果に。

住民税非課税世帯は無償、住民税課税世帯は第2子は半額、第3子以降は無償となる軽減措置はあるものの、はじめての子どもを持つ人のなかには「こんなにかかるの⁉」と驚く人が多いようです。

ただし、3〜5歳の場合は、「幼児教育・保育の無償化」制度によって、認可保育施設、幼稚園、認定こども園の利用料は原則無償となります。認可外保育園は月額3万7000円まで、幼稚園の預かり保育は月額1万1300円まで無償です。支援制度の対象とならない幼稚園があるので、確認が必要です。

いずれにしても、**保育園の場合は0〜2歳の3年間は収入が多い世帯ほど、利用料は増額されます**。

例えば、東京都世田谷区の場合、世帯年収が600万円で月額2万7000円、800万円で月額2万9700円、1000万円で月額4万2800円が目安です（2022年）。

自治体によって差はありますが、いずれにしても、この時期にはある程度の出費があるという覚悟と準備は必要になるでしょう。

**【習い事代】**

子どもが3、4歳にもなると、「何か習い事を始めたほうがいいのかな……」と考え始める親が多くなってくるもの。何を習うのかによって、月の出費は数千円から数万円と、かなりの幅があるでしょう。

読み聞かせや歌、語りかけを中心としたベビー教室やリトミックなどの学習教室から、ピアノなどの音楽教室、バレエや水泳、体操教室などのスポーツ系など。周りの子どもたちも一斉に習い事を始めるため、つい〝何かやらせないと不安病〟にかかってしまう人が少なくないようです。

もちろん、子どもが興味を持って「やりたい！」となったときには、新しい体験をスタートさせるのは素晴らしいことです。しかし、いくつか気を付けるべきポイントがあります。

1つは前述のとおり、「スモールスタート」を心がけ、いきなり入会を決めたり、新品の道具を一式そろえたりしないこと。

というのも、子どもが自分から「やりたい」と言ったとしても、翌日には「やっぱりやめた」となったり、実際に始めてみたら2、3回目には「もう行かない」となることがめずらしくないからです。

そもそも小さな子どもの場合、「やりたい」理由が「○○ちゃんもやってるから」「お母さんがいうから」など、自分の内側から生まれた動機ではないことも多々あります。幼児期は特にそのときの気分に動かされやすいので、その可能性を念頭においてください。

体験教室がある場合は、まずはそれに申し込んで様子を見る。道具が必要な習い事の場合はいきなり新品でそろえず、中古品やレンタルを探すなど、すぐにやめたとしても痛手のない状態で始めることを検討してください。

水泳など運動系の習い事は、自治体が運営しているスポーツ教室であれば、比較的安価に習うこともできるでしょう。

もう1つは、**かかる費用について月単位だけではなく、年単位で事前にしっかり調べること。**

例えば、バレエ教室やピアノ教室でよくあるのが、「月謝5000円なら……」と気楽に始めたところ、あとで「発表会の参加費8万円、衣装代に3万円、お花代に1万円……⁉　そんなかかるなんて知らなかった…！」となってしまうケース。大きな会場を貸し切って行われる発表会は、莫大な経費を各生徒の家庭で分割するため、年間で見ればかなり高額になってしまうことが少なくありません。

習い事に限らず生活全般に通じていえることですが、**費用のかかることを始める場合は、短期的に発生する金額だけでなく、中長期でいくらかかるのかを把握してから決断することが重要**です。

3つ目は、**「それって本当にお金をかけて今やるものだろうか？」を、家族でよくよく話し合うこと**。

例えば、歌いながら体を動かすことで表現力を養う「リトミック」は、幼児期に人気の習い事ですが、保育園や幼稚園の多くがこうしたリトミック的な活動を取り入れています。それであれば、さらに教室に通ってやる必要があるのか。もしくは子ども自身が「もっともっとやりたい！」という強い希望を持っているのか。そうしたことを鑑《かんが》みる必要があるかもしれません。

また、文字や計算、英語などを教える幼児向けの早期教育については、いまだにその是非について、諸説あります。自分の子どもは落ち着いて学習できる時期にあるのか。そこにそれなりのお金を使ってもよいものかどうか。本格的に教育費が膨らむ中・高・大学の時期にそのお金を回したほうが有意義ではないのか。

子ども自身の様子や気持ちと合わせて、家族でよく検討する時間を作ってみてください。

## ▼▼▼入ってくるお金

**【出産・子育て応援交付金】**

妊娠届け出をしたあとの妊娠時期から0～2歳の低年齢期の子育て世帯を対象に、2023年1月からスタートした、経済的支援です。妊娠健診時の交通費やベビー用品の準備、産後ケアや家事支援サービスなどに利用できる、10万円分のクーポン（自治体によっては現金支給も）が支給されます。

各自治体で妊娠届を提出したあと、申請する仕組み。自治体によってオンライン申請もできるので、外出が難しい妊産婦さんたちには助かりますね。

**【出産手当金】**

出産のために休業する所得補償として、会社の健康保険に加入している健康保険被保険者（女性のみ）に給付されます。

対象期間は出産予定日の42日前から出産翌日以降56日目まで。それまでの1日当たりの給与の3分の2相当の金額が日数分受け取れます。

## 【出産育児一時金】

国から支給される支援金。2023年4月に42万円から50万円への引き上げが決定したばかり。うれしいニュースですが、同時に、産院の便乗値上げも心配されています。そのことから、将来的には出産費用を全国一律化して、公的医療保険の適用対象とすることも検討されています。

## 【育児休業給付金・出生時育児休業給付金（産後パパ育休）】

育児休業中の所得補償として、雇用保険に加入している会社員（男女とも）へ給付されます。

受給期間は産前・産後休業が終了した翌日（男性の場合は出産当日）から、子どもが1歳になるまでですが、保育園へ入れないなどの理由から育児休業を延長しなければいけない場合には、最長2歳まで給付されます。

給付される額は、休業180日まではそれまでの賃金の67％、それ以降は50％相当額です。

産前産後休業中、育児休業期間中は、一定の要件を満たせば健康保険や厚生年金の保険料は免除されます。また、産前産後休業中、育児休業中に勤務先から給与が支給されない場合は、雇用保険料の負担もありません。

### 育児休業給付金と産後パパ育休のポイント

| 制度の名前 | 産後パパ育休 | 育児休業 |
|---|---|---|
| 対象期間 | 子どもの出生から8週間以内に4週間まで取得可能 | 子どもが1歳(最長2歳)まで |
| 分割取得 | 分割して2回取得できる | 分割して2回取得できる |
| 就業について | 休業中の就業可能※ | 原則就業は不可 |

※労使協定を締結している場合に限り、労働者が合意した範囲で就業可能

また、給付金は非課税のため、所得税や住民税などが差し引かれることもありません。

一方、男性の育休取得を広げるために2022年10月から施行されたのが、通称「産後パパ育休」です。

産後パパ育休を取得すると、子どもの出生から8週間以内に4週間まで取得可能、2回まで分割取得することも可能、必要に合わせて休業中に働くことも可能（日数の上限あり）、現行の育児休業制度の併用も可能、という柔軟な新制度です。

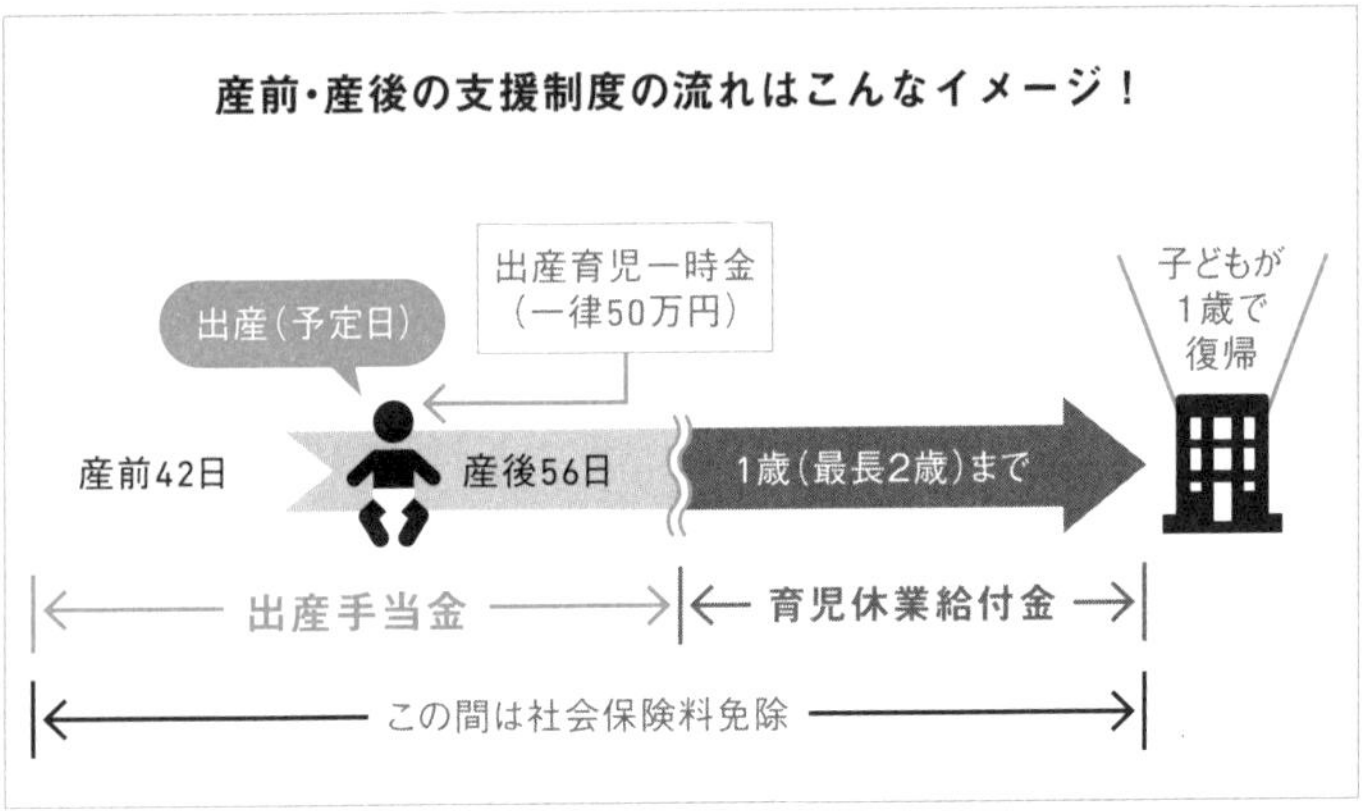


出産手当金、出産育児一時金、育児休業給付金……似たような名前が続いて「頭が混乱してきた！」という人のために、時系列の流れを上の図で紹介しておきます。

**【傷病手当金】**

病気やケガで4日以上仕事につけない場合に健康保険から支給される手当金で、1日当たりそれまでの月給の3分の2相当額が支給されます。同じ健康保険から支給される出産手当金と受給時期が重なる場合は、出産手当金が優先されます。ただし、出産手当金の額が傷病手当金の額よりも少ない場合は、傷病手当金を申請することにより、出産手当金との差額を受給することができます。

例えば、出産手当金の支給対象である産前42日よりも前に、医師から「療養が必要」と診断され、それが4日以上になったときには、4日目から療養した日数分の傷病手当が支給される……というわけです。

ざっくりいうと、「産前42日＋産後56日の前後に4日以上療養した場合は、傷病手当金がもらえる」ということ。くれぐれも申請は忘れずに！

私自身、はじめての出産のときに切迫早産と診断され、妊娠30週目に入院をすることになりました。そのときにこの傷病手当金にお世話になることで、とても助かったという経験があります。

ちなみに、会社の健康保険から支給される出産手当金や傷病手当金、雇用保険から支給される育児休業給付金は、フリーランスや非正規雇用の場合、残念ながら、対象外です。

つまり、会社員とフリーランスを比べたとき、産後1年間の収入差が数百万円にもなってしまう……ということに。そのため、フリーランスの人は産後の復帰を早めるケースが多いようです。

ただし、フリーランスの人も利用できる出産・育児支援制度もあります。それは、妊婦検診の補助、出産育児一時金、国民年金保険料の免除です。

国民年金保険料の免除は出産予定日または出産日が属する月の前月から4ヶ月間分

が免除されるうえ、年金は収めたものとして計算されるため、申請は必ず行うようにしてください。

また、政府は、国民健康保険に加入するフリーランスや自営業の女性を対象に、2024年1月から産前産後4ヶ月間の国民健康保険料を免除する方針を固めています。さらに、フリーランスや自営業者向けの育児休業給付金の支給も検討に入っています。

こうした新制度の申請漏れのないように、常に最新の情報をチェックしていきましょう。


【児童手当】

出生と同時に自治体に申請することで受給できる子育て支援金です。

3歳未満は一律で月額1万5000円、3歳〜小学生は月額1万円（第3子からは1万5000円）、中学生は一律1万円。

2023年3月現在は所得制限が設けられており、子ども1人の場合は世帯主の所得額が660万円以上になると、一律5000円に減額。さらに所得額が896万円以上は支給ゼロに。なかなか厳しい足切り制度といえます。

政府は2023年3月、少子化対策として所得制限撤廃と高校卒業までの支給延長、多子世帯への支給額の見直しについて、検討に入りました。

これまで対象外だった人たちは、実施されたら速攻で申請することをお忘れなく。児童手当は申請しないといつまでも支給されることはなく、忘れていた時期をさかのぼって支給されることもありません。

まさに「知らないと損!」なので注意してください。

**【児童扶養手当】**

ひとり親世帯を対象とした子育て支援金で、子どもが18歳まで支給されます。児童手当と同時受給が可能。支給される額は子ども1人の場合で月額約1万〜4万円ほど、所得や子どもの人数によって異なるため、自治体の窓口で確認を。

# 小学校

いよいよ学童期に入りますが、「小1の壁」という言葉があるとおり、預け時間が長く、至れり尽くせりのお世話をしてくれた保育園と比べると、やはり仕事との両立が難しくなる時期といえます。入学してしばらくは宿題も1人で終わらせることが難しいため、親がいっしょにやる必要もあるでしょう。

とはいえ、出費は小学校低学年のうちは負担は軽く、まだまだ「ゴールデンシーズン」と言える時期です。仕事と育児のバランスをはかりつつ、なるべく早く新しい生活のペースをつかみ、イメージどおりの貯蓄を続けていきましょう。

## ▼▼▼出ていくお金

**【入学準備用品代】**

ランドセルや筆箱、文房具、学校指定の体操服や上履き、お道具箱など、小学校に入学する際には複数の持ち物の準備が必要です。

中でも、ランドセルと学習机の購入は、気持ちが盛り上がるイベントの1つ。

ランドセルについては、価格はまさしくピンキリで、数千円のものから数十万円もするオーダーものまであるようです。一般社団法人日本鞄協会ランドセル工業会が行った2022年の調査によると、平均購入金額は5万6425円。最も需要があったのは、6万5000円以上のもので、全体の3割以上を占めていました。

人気のメーカーだと、春から夏にかけて購入予約が始まり、すぐに売り切れになることも。購入時期もこのころが最も多いようです。

一方で、年明け1月にもなると早々にセールが始まるので、特にこだわりがないのであれば、コストダウンができる年明けから入学前の購入がおすすめです。

ランドセルや勉強机などは、高級品がたくさん出ているうえ、お祝い気分もあって財布のひもがゆるんでしまいがちです。ランドセルは6年間、勉強机は大学卒業もしくは社会へ出てからもお付き合いは続くかもしれません。長期間使うものではありますが、高級品である必要はありません。ここでも、家計と見合っているかを冷静に考えてから、購入を決めることをおすすめします。

また、ランドセルはメーカーによっては修理などのサポートがある「6年間保証付」を設けているので、「うちの子は壊しそう……」と親ならではの予感がする場合には、保証の有無を確認しておきましょう。

ちなみにわが家では、1月の終わりごろに近所の大型店舗で価格が下がってきたのを見計らい、5万円だったランドセルを3万円で購入しました。

勉強机も家具屋さんで見つけた展示品を1万円ほどで購入。ペンでいたずら書きされていたりしましたが、きれいに磨いて拭き上げたら新品同様になったので、こちらも満足しています。デザインもシンプルなので、子どもが使わなくなったら「仕事机にしよう」と楽しみにもしています。

【学童保育】

学童には自治体が運営している「公立公営型」、社会福祉法人や父母会などが運営する「公立民営型」、民間企業が運営する「民営型」などがあります。団体によって費用は異なりますが、全国学童保育連絡協議会の調査によると全国平均の月額は7371円でした。

民間の場合は給食や習い事、学習指導などのサービスがさまざまあり、その内容によって月額数万円かかるところもあります。

家計のほか、家庭のライフスタイルや学童の雰囲気も合わせて検討、選択するとよいでしょう。

【給食費】

「学校給食実施状況等調査」（2021年・文部科学省調べ）によると、全国の平均給食費は月額4477円。自治体によっては、「第2子以降は無償」「第3子以降は無償」「ひとり親家庭の児童は無償」といったサービスを行っているところもあります。

2023年3月現在、全国自治体の1割が給食無償化を導入しています。東京都でも、7つの区で2023年4月からの小学校学校給食無償化がスタートしました。

政府も少子化対策の一環として、全国小中学校の給食無償化の検討に入っています。実現されれば、多子家庭にとっては特に大助かりとなりそうです。

**【修学旅行積立】**

小学校高学年になると修学旅行が実施されます。中高で行われる修学旅行と比べれば近場で旅行日数も2～3日と短期のため、旅費も2万～3万円程度で収まるケースが多いでしょう。多くの場合で、旅費は給食費や教材費と同じ口座から一括、もしくは数回に分けた積み立てとして集金されます。

そのほか、旅行用品代や修学旅行先でのおこづかいなども必要になります。

**【習い事・塾代】**

小学校低学年から中学年の間は、音楽やスポーツ系の習い事、家庭学習では通信教育・教材を取り入れている家庭が多数派でしょう。

しかし、小学校中学年になると一転して、塾へ通い始める子どもが増えてきます。実際に、文部科学省が2021年に発表した「子供の学習費調査」によると、公立小学校の場合、3年生で8万8450円だった補助学習費が、4年生になると11万6525円、5年生で16万6695円、6年生で19万7039円と、跳ね上がっていきます。これが、私立の学校に通っている場合はさらに2～3倍です。

さらに、中学受験をする場合には、それなりのノウハウを持った進学塾へ通うことになるため、費用は桁違いになります。

有名大手進学塾の場合、４・５年生で月額2万～5万円、６年生になると月額３万～6万円が一般的。加えて、季節ごとの講習代がその都度10万～20万円、模擬テストや教材費、特別補講費用も必要です。４～6年生の３年間トータルで、２００万～３００万円かかることがめずらしくありません。

**４年生で入塾する際の月謝だけを判断基準に軽い気持ちで始めてしまうと、後々、家計に大きな痛手となってしまう**かもしれません。先に述べたとおり、何か始めるときにはゴールまでのトータルでかかる出費を計算し、家計と見比べてから慎重に決断してください。

特に中学受験の場合は、受験する費用、そして、合格した中学校に通ってからかかる費用まで把握しておくようにしてください。

また、昨今ではオンライン学習もどんどん進歩しています。

学習サポートでいえば、業界先駆けとなったリクルート運営の「スタディサプリ」をはじめ、進学塾大手の東進や四谷大塚などもオンライン塾をスタート。個別指導塾の大手、明光義塾やトライもオンラインでの個別指導を始めています。

受講料は月額2000〜8000円と、通常塾と比べれば格安。子どもがコツコツと自習できるタイプであれば、非常にコストパフォーマンスの高い学習サポートになるでしょう。

加えて、2020年の小学校での英語教育必修化、社会のグローバル化に伴い、オンライン英会話も定着しつつあります。英語にはじめて触れる子ども向けのコースや英検取得コースなど受講レッスンが豊富で、マンツーマンでの授業が月額6000円程度と、通う英会話スクールと比べるとかなり格安です。

**【携帯電話代】**

小学校高学年になると、スマートフォンを子どもに買い与える親が増えてきます。モバイル社会研究所が2023年2月に発表した調査によると「小学校高学年のスマホ所有率は37%」と、過去最高となりました。

私がよく受ける質問に「子どものスマホを安く購入する方法はないでしょうか?」というのがあります。そして、不思議なことに「最新のiPhoneを買ってあげたいけど、アップルストアでもキャリアのホームページを見ても、高くてどうしようかと」と悩んでいる親が多いのです。

今やｉＰｈｏｎｅは2桁万円が当たり前で、ちょっとしたパソコンと同じぐらいの金額です。悩むのも無理はありません。

そんなご相談を受けたとき、私はいつも「お子さんはどんなスマホの使い方をするんでしょうか?」と聞いています。たいていの場合、家族や友だちとのコミュニケーションツールとして、カメラとして、ネットでの調べもの……という返答です。であれば、最新のｉＰｈｏｎｅの機能は必須ではありません。親のお下がりか、ネットで中古を探すのでも十分でしょう。

自分と同じものを買い与えてしまう親御さんが多いのですが、少し立ち止まって、**子どもの使い方に見合ったモデルをよく検討する**ことが大切です。

そして、さらに注意してほしいのが、通信費です。子どもの使い方に見合わないプランやオプションに加入したまま、高額の通信費を払い続けているケースがとても多いのです。

これについては、197ページで詳しくお伝えします。

## 【卒業に伴う出費】

卒業時期になると、卒業式用の礼服や卒業記念品、卒業アルバムなどの費用が発生します。

使用頻度の少ない礼服は、比較的状態のよいお下がりが見つかりやすいので多方面に声をかけておくとよいでしょう。新品でも、最近は2000～5000円程度の安価なものが見つかりやすいので助かります。

PTAが準備する卒業アルバムは、子どもの数が少なくなるほど価格は高くなる傾向があり、カメラのキタムラのホームページによると「卒業生60名の場合、1人当たり2万～2万5000円」が相場。

卒業と入学が連続する出費が多い時期にこの請求が来ると、予想外に高いことに驚いてしまう人も多いようです。

## ▼▼▼入ってくるお金

**【児童手当】**

学童期に入っても引き続き自治体から支給される子育て支援金で、小学生は月額1万円（第3子からは1万5000円）。所得制限あり。

**【児童扶養手当】**

ひとり親世帯を対象とした子育て支援金で、子どもが18歳まで支給されます。児童手当と同時受給が可能。支給される額は子ども1人の場合で月額約1万～4万円ほど。所得や子どもの人数によって異なるため、自治体の窓口で確認を。

**【就学援助制度】**

所得が一定額を下回っている家庭を対象に、学用品費、修学旅行費、学校給食費、PTA会費などを援助する制度。自治体によって支給対象基準額には違いがあるので、住んでいる地域の自治体の担当窓口で確認を。申請しないと支給されません。

例えば、東京都世田谷区は世帯人数3人の場合、年収が約540万円以下で支給対象。また、同じく世帯人数３人の場合、年収が約６９７万円以下で給食費のみ免除となります。

新年度になると、学校から制度についての手紙が配布されますが、「わが家は適用外だから」とそのまま読まずにスルーしている方も多いかもしれません。しかし、今は子育て支援制度を手厚くする方向へ社会が加速しているとき。いつなんどき、適用内になっているのか分かりません。常にアンテナを立てておくためにも、一度調べてみることをおすすめします。

# 中学校

子どもに手がかからなくなった分、親御さんたちもようやく一息つける時期。とはいえ、子育て費用はこれまでよりも数段高くなるという厳しい現実が待っています。次ページのグラフをご覧ください。

保育所・幼稚園児1人にかかる1年間の子育て総費用はおよそ121万円、小学生は115万円に対し、中学生は約40万円アップの155万円（「インターネットによる子育て費用に関する調査」平成22年内閣府調べ）にもなるのです。

いったい何がそんなに跳ね上がるのか？　詳しく見ていきましょう。

## 未就学から中学までで、一番お金がかかるのは、中学！

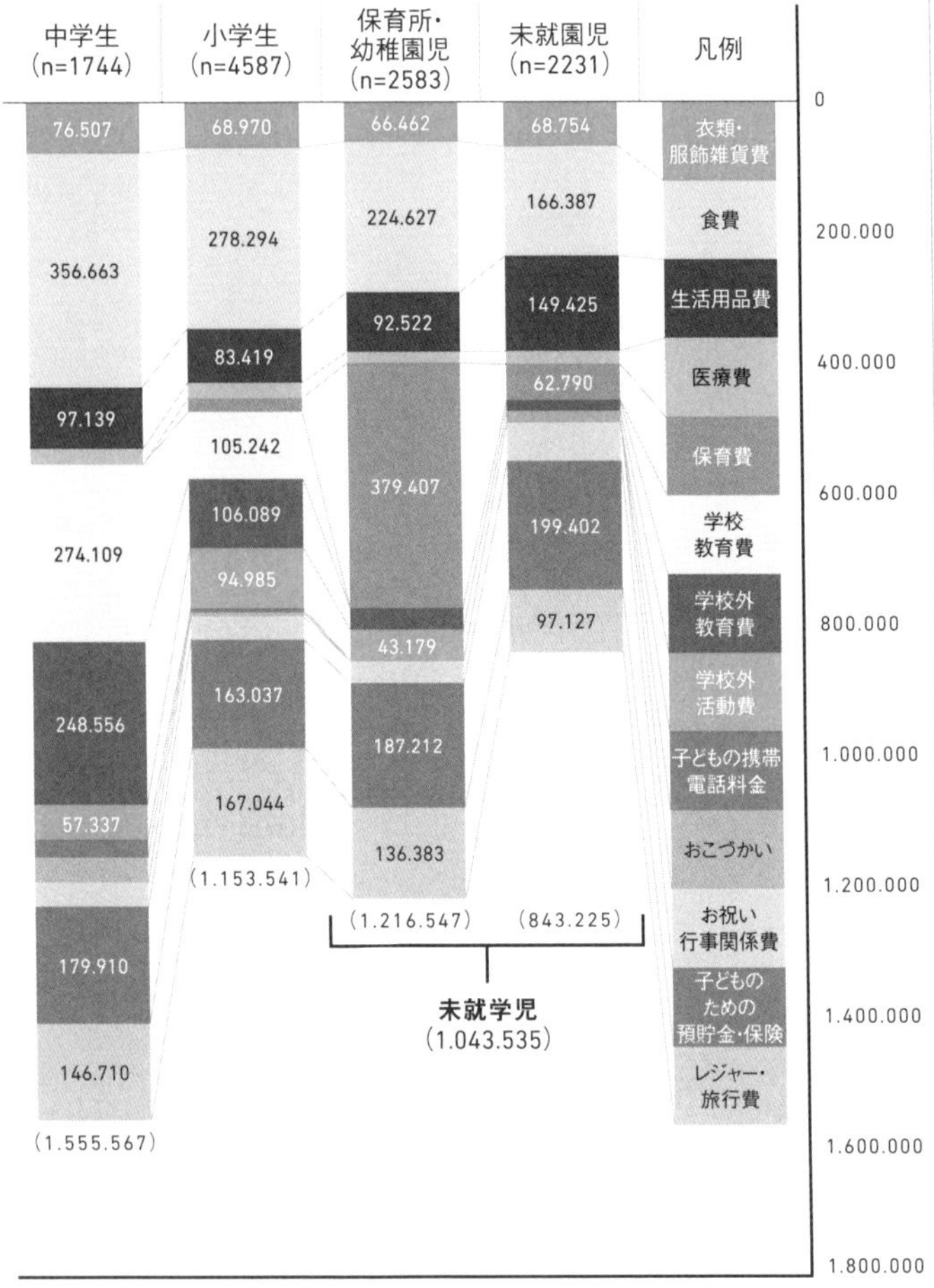


第1子一人当たりの年間子育て費用総額

参考：「インターネットによる子育て費用に関する調査」平成22年内閣府調べ

## ▼▼▼ 出ていくお金

### 【入学準備（制服その他）】

公立中学の場合、入学前の最大の出費が指定の制服や体操服でしょう。

総務省の小売物価統計調査（２０２３年2月発表）によると、公立中学校の場合、制服1着の相場は男子用が３万７０４３円、女子用が３万６０６７円でした。これに加えて、夏服や半袖・長袖の白シャツ、ジャージ上下、体操服、指定の上履き、長袖ニットなどをそろえると、トータルで10万円前後が目安となるでしょう。

さらに、成長期を迎える中学生は、サイズアウトによる買い替えが発生する可能性も。中古でも気にしないなら、ＰＴＡが主催している制服リサイクルを利用するのも一案です。

その他、通学用の靴やカバンの出費も想定しておきましょう。

私立中学の場合、入学前の最大の出費は入学金と授業料でしょう。制服とその他体操服など指定用品も、公立中学よりもさらに割高になることがほとんどです。また、徒歩で通える公立とは違い、通学のための定期券も必要になるケースは多いでしょう。

## 公立、私立中学それぞれの学校教育費の内訳

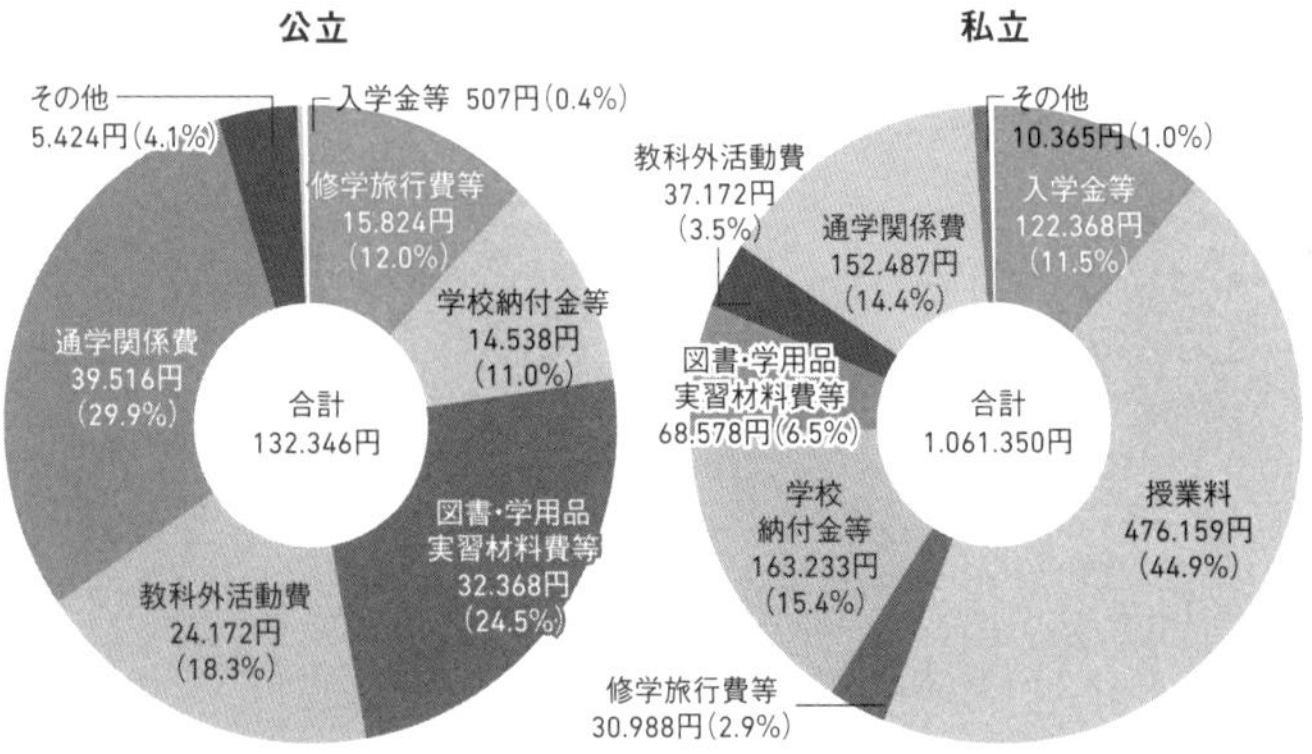


参考：「令和３年度子供の学習費調査」結果より（文部科学省調べ）

公立と比べると、私立にかかる費用は数倍と考えて間違いありません。

文部科学省が２０２２年に発表した「子供の学習費調査」によると、公立中学校の年間にかかる学校教育費の総額が約13万２３４６円なのに対して、私立中学校では１０６万１３５０円と、およそ8倍。そのなかでも、最も多く占めたのが、やはり「授業料47万６１５９円」でした。

公立と私立にかかる費用の違いについて、全体像をつかむために、それぞれの学校教育費の内訳を上に紹介しておきますので、参考にしてください。

**【教材費】**

教材費は先のグラフのとおり、公立中学は年間で約3万円ほど、私立の場合は7万円弱が目安となります。

**【給食費】**

「学校給食実施状況等調査」（2021年・文部科学省調べ）によると、中学校における全国の平均給食費は月額5121円と、年間で約6万円強が目安。

小学校と同じく、自治体によっては、第2子、第3子の無償化や完全無償化を行っているところもあります。

**【部活動代】**

部活動に参加すると必要になるのが、道具やそろいのユニフォーム代、試合の際の遠征費など。特に道具やユニフォームは名入れをするなどのセミオーダー品になると高額になりやすいので、ある程度の準備は必要でしょう。

右ページの学校教育費の内訳にある「教科外活動費」が、主に部活動のために家計が支出した費用です。公立で年間2万4172円、私立で3万7172円でした。入学時に道具やユニフォームをそろえると、さらにその分、加算されると考えてください。

## 【学習塾・家庭教師代】

これまでのとおり、私立中学のほうがさまざまな支出が多くなりがちですが、唯一、公立中学のほうが多く支出されているのが、塾代です。これは、公立の場合は高校受験を見据えて塾へ通わせるケースが多いのに対し、私立の中高一貫校では高校受験がないことが影響しているのでしょう。

文部科学省の調べによると、「補助学習費（学習塾・家庭教師にかかる費用）」の年間支出が私立中学校で約26万円、公立中学校で約30万円でした（「令和3年度子供の学習費調査」）。

70ページですでに述べたとおり、進学塾にかかる費用は家計を圧迫する大きな要素となりやすいため、**入塾する前はかなり慎重に考える必要があります**。私立中学へ通うのと変わらないほどの費用がかかる大手進学塾もめずらしくありません。

年単位のトータルの支出をしっかり把握し、よく検討することをおすすめします。

**【高校受験費用】**

入試の際に必要になる受験費用は、公立高校の場合は全国一律で2200円、国立は9800円、私立は1万円から3万円が目安となります。

公立高校を第一志望としたとき、一般的には併願で私立も1～3校、多い場合には5校受ける人も。その場合は受験料がトータルで10万円を超えることもあります。

**【修学旅行代】**

全国修学旅行研究協会が2022年に発表した調査研究報告書によると、全国中学校の修学旅行費用平均額は、関東地方の中学校で6万7628円、近畿地方で5万8232円（2泊3日基準で算出）。およそ6万～7万円目安であることが分かります。

学校からは1年ほど前に旅行の行先や費用について通知され、その際に、旅行費用を一括で支払うか、毎月積み立てるかを選べるケースが多いようです。

**【住宅費】**

中学生になると、特に異性のきょうだいがいる場合には、それぞれに個室を確保しようと、より広い住宅に転居をしたり、新たに購入することを計画する家庭もあるでしょう。

ただし、住居購入はほとんどの場合、数十年という長期にわたってローンを組むことになります。また、賃貸も同様に、広さを求めての転居ですから、より高い家賃を支払うことになるわけです。

その重大な選択をする前に、一度、本当に子どもたちへ個室を与える必要があるのかを熟考してほしいのです。

例えば、男女2人の子どもを持つ私の知人は、個室2部屋の住居で「夫婦寝室＋子ども部屋」という振り分けで生活していましたが、**子どもたちが年頃になったときに「妻と娘＋夫と息子」に変えたそうです。**

個室の必要性が出てくる小学校高学年もしくは中学生から、大学を卒業するまでは長くても12年。その後は、再び夫婦2人の生活に戻る可能性が高いわけですから、住居費に大きく家計を割くことが本当にベストな選択なのか、よく検討してほしいと思います。

私の知人のような工夫でストレスなく乗り切り、その分のお金を教育費などに回すことも一案にあることを頭に入れておいてください。

**【おこづかい】**

定期的に決まった金額を渡す、もしくは必要なときに必要な額だけを渡す。家庭によって、おこづかいのありかたは異なりますが、学研教育総合研究所の「中学生白書」（2020年）によれば、中学生のおこづかいは平均して月額1687円とのこと。学年が高くなるにつれて、高くなる傾向がみられました。

同時に、「おこづかいなし」も約4割と少なくないのは、先のとおり「必要なときに必要なだけ」というスタイルがここに含まれているのでしょう。

## ▼▼▼入ってくるお金

**【児童手当】**

自治体から支給される子育て支援金で、中学生は月額1万円（第3子からは1万5000円）。所得制限あり。

**【児童扶養手当】**

ひとり親世帯を対象とした子育て支援金で、子どもが18歳まで支給されます。児童手当と同時受給が可能。支給される額は子ども1人の場合で月額約1万〜4万円ほど。所得や子どもの人数によって異なるため、自治体の窓口で確認を。

**【就学援助制度】**

小学校から引き続き、所得が一定額を下回っている家庭を対象に、学用品費、修学旅行費、学校給食費、ＰＴＡ会費などを援助する制度。修学旅行費も、その一部もしくは全額が支給されます。

**【受験生への各支援制度】**

自治体によっては、高校受験をするための費用を助成する制度を設けていることがあります。

例えば、東京都が行っている「受験生チャレンジ支援貸付事業」は、東京都内の学校に通っている中学3年生、高校3年生、浪人生や大検合格者を対象に、受験に必要な塾の費用や受験料の貸し付けを無利子で行っています。塾の費用は20万円、高校受験料は2万7400円が上限です。

ただし、一定の所得要件があり、世帯人数が3人の場合、年間の所得が2人親の場合は308万7000円まで、ひとり親の場合は353万2000円までです。世帯人数が多くなるほど、所得制限は緩くなっていきます。

うれしいのが、**晴れて高校・大学へ入学した場合、返済は免除になる**ところ。塾代、受験費用に家計を圧迫されている家庭にとっては大助かりでしょう。

他にも、大阪府が同じく塾の費用を助成する制度を行っていたり、神奈川県が県立高校入学検定料・入学料の全額または半額を免除する制度を行っています。どちらも所得要件があるので注意してください。

このように、それぞれの自治体が独自の子ども支援制度を設けているため、自分が住んでいる地域の自治体の制度を確認してください。最近は、子ども支援を手厚くする流れが加速しており、国や自治体のどちらも様々な施策を打ち出しています。そのため、目まぐるしく状況が変化しており、本書の情報も古くなっている可能性さえあります。

学校を通じて、手紙の配布などで告知してくることもありますが、子どもが手紙を出し忘れていたり、関係ないチラシだと思って見逃してしまうこともあるでしょう。そのため、各自治体の情報はまめに確認していきましょう。

こうした支援制度は、**自ら申請しない限り、決して支給されることはありません。あとから気が付いてもさかのぼって支給されることもないため、情報の取り漏れに注意していきましょう。**

# 高校

「手がかからなくなった分、お金がかかる」のが子育ての常。高校入学時には、まさにそのことを実感する親御さんが多いのではないでしょうか。

大きな変化としては、子どもがアルバイトができるようになる点。2022年にマイナビが行った「高校生のアルバイト調査」によれば、定期的なアルバイトをしている割合は65・3%と、半数以上。その目的は「貯金」57・4%、「趣味のため」57・0%のほか、「生活費」25・1%、「学費」21・5%など、実に堅実です。

親としては、定期的なおこづかいを渡すことがなくなったり、自分で欲しいものを購入したり、学費や生活費の一部を補填してくれるようになるので、正直助かるところでしょう。

とはいえ、あっという間に直面する大学受験は想定に入れて計画的に資金の準備をしておくことは必須。たとえ今は、**子どもが「大学は行かない」「学費がかからない国公立を目指す」と言っていたとしても、油断は禁物。あっさり気持ちが翻ったり、希望どおりの国公立大学に行けなくなることも大いにあり得ます。**

「子どもの進路は不確定」を合言葉に、常に悲観的に試算しておきましょう。

ただし、ここで悲観的になりすぎて「うちはお金がないから大学には行けない」という考えを子どもに刷りこまないように注意してください。後ほどお伝えしますが、**今は国も自治体も教育費を支援する制度を続々と打ち出しています。**給付型の奨学金の拡充が検討され、大阪府や東京都では公立大学の教育費無償化の拡充を実現しています。

また、入試の成績によっては入学金や授業料が免除、減免されたり、貸与型奨学金の利息が免除されることもあります。

支援制度にしっかりアンテナを張り、それを子どもと共有して、勉強したい意欲がある子どもであれば経済的な余裕がなくても大学進学は可能であること。最初から諦める必要はないことを伝えてあげてください。

## ▼▼▼ 出ていくお金

### 【入学金・授業料・施設費など】

高校の入学金は、基本的に入試の合格発表時から数日以内という納入期限があるため、原則的には中学在学中に納入することになります。第1志望の公立高校の併願として私立を受けていた場合には、二重に支払うケースもあり、これが多くの親たちを悩ませています。中には公立高校の合格発表まで納入を待ってくれる私立もあります。

全日制の公立高校の場合、受験料と入学料が合わせて8000円ほど。授業料は年額11万8800円です。加えて、生徒会費や修学旅行の積立金などがあり、学校ごとに徴収方法や金額には違いがあります。

私立高校の場合、学校によって入学金、授業料共に金額に幅があります。文部科学省が行った「令和4年度私立高等学校等初年度授業料等の調査結果」によれば、全日制私立高校の平均額として、入学料16万4196円、授業料44万5174円、設備整備費等14万9510円でした。

私立の場合はトータル約76万円で、公立の約6倍が目安ということになります。

## 【入学準備（制服代・パソコン等端末代）】

指定制服がある学校の場合は、制服代が発生します。その目安は中学の制服と大きく変わらず、夏冬の制服一式、シャツや体操服を合わせるとおよそ10万円前後となるでしょう。私立の場合、さらに割高になることが多いといえます。

また、授業で使用するパソコン等の端末は、公立の中学では基本的に自治体から支給されていましたが、公立の高校では全国で約半数の自治体が「保護者負担」となっています。

ただし、それに対する補助を行っている自治体もあります。例えば、東京都の場合は2023年から、都立高等学校に入学（都立中高一貫校の後期課程への進学も含む）する生徒の保護者全員を対象に1台当たりの負担額を3万円とし、さらに多子世帯の場合は1万5000円の負担額とすることを決定しました。

私立高校の場合、各高校から指定されたスペックに該当する端末を、保護者が全額負担で購入するという形が多いようです。

わが家でも、息子が私立高校へ入学した際、英語の授業で使用する電子辞書の購入が必須でした。ところが、指定されたものは定価で3万円以上することにびっくり！電子辞書の場合、卒業後も長く使うとは限らないし中古で十分と考え、ネットで検索。運よく状態のよい中古品を5000円で見つけてゲットしました。

パソコンやタブレットの場合は、知識がないと中古購入やお下がりに対してはためらいがあると思いますが、家庭内に詳しい人がいる場合は一案ですね。

**【交通費・昼食代】**

高校から電車やバス通学になる場合には、交通費が新たな出費となります。学生割引が利用できるので、大人よりは割安に定期券が購入できますが、当然ながら、遠方であるほど、違う鉄道会社へと乗り換える可能性が高くなるので金額はかさみます。

乗り換えがある場合はより安い乗り換え方法がないか、検討してから購入するとよいでしょう。

また、中学までは給食費でしたが、高校からは日々、昼食代が発生するようになります。一部、給食がある高校もありますが、まだ少数派。学食や購買部を利用したり、お弁当を持参するなど、家庭の都合に合わせて用意することになるでしょう。

ただし、食べ盛りの高校生が満足できる量を毎日購入するとなると、やはり費用は相当かかります。コンビニで購入するとしたら「大盛りからあげ弁当640円+ペットボトル緑茶100円+ヨーグルト150円」と、1日計890円、ひと月20日間購入したとすると、1万7800円です。

可能な限り水筒やお弁当を持たせることで、出費はかなり抑えられるでしょう。作る側の労力はそれなりにかかるので「週のうち、3回は弁当持参」とするなど、無理なく続けられる形を考えてみてください。

【部活動代】

中学と同じ部活だとしても、そろいのユニフォームを一新したり……と、なかなかの出費はあるものと考えておきましょう。

文部科学省の「令和3年度子供の学習費調査」によれば、「教科外活動費(クラブ活動など)」の年間支出は公立高校で3万9395円、私立で4万7013円でした。遠征や試合などがたくさんある活動的な部活の場合は、さらに上乗せになると予想しておきましょう。

**【修学旅行代】**

小学校、中学校と学年が上がるほど修学旅行代は高くなる傾向にありますが、高校になるとまさにそのピークを迎えます。

公益財団法人日本修学旅行協会「都道府県および政令指定都市における修学旅行実地基準概要一覧」によれば、東京都は国内3泊4日の場合は8万6000円以内、海外の場合は11万5000円以内に抑えることを基準としています。

つまり、それぐらいの出費にはなるということです。

さすがに一括支払いは厳しいため、多くの高校では、入学してしばらくすると、授業料の支払いと共に引き落とす、修学旅行代の積立申し込みが始まります。

**【予備校・進学塾代】**

大学受験を見据えている場合、2、3年生から予備校や塾へ通うことを考える家庭も多いことでしょう。

文部科学省の「令和3年度子供の学習費調査」によれば、高校3年生で「補助学習費（塾代など）」に1年間支出した平均額は、公立で23万3000円、私立で32万5000円でした。

ただし、この調査では「支出が0円」と回答した人も入るため、その分金額が低くなっています。通っている家庭の支出はさらに多くなっていると考えられます。

実際に、対面式授業を行っている大手予備校の入学金は3万～10万円、高3の授業料は50万～100万円、そのほか季節ごとの講習や教材費、模試代などがプラスされていくため、とても先の金額で収まるとは思えません。通うための交通費や食事代がかかることもあるでしょう。

みっちりと予備校に通うことが経済的に難しい場合は、苦手科目だけ受講したり、71ページでもお伝えしたように格安のオンライン学習を活用するなど、できる範囲の工夫を親子で考えてみてください。

**【大学受験にかかる費用】**

大学入学共通テストは3教科受験で1万8000円、国公立大学の前期・後期日程が合計で3万4000円、私立大学は共通テスト利用方式の場合、約1万5000円、個別方式は約3万5000円が目安。

日本政策金融公庫が行った大学受験料についての調査によると、大学受験料に加えて交通費や宿泊費などを合わせると、トータルでかかる費用は国公立大学で27万7000円、文系私立大学で31万3000円、理系私立大学で32万2000円という状況でした。

これを見ると分かるとおり、**受験費用については国公立と私立にさほどの差はありません。**いずれにせよ、急にポンと出すことは難しい額ですから、想定してしっかり準備しておきましょう。

## ▼▼▼入ってくるお金

### 【高等学校等就学支援金】

小中学生を対象とする「就学援助」から切り替わり、高等学校の生徒を対象とする支援制度。世帯所得や通う学校によって支給の有無や金額が異なります。

例えば、両親と子どもが2人（高校生と中学生以下）で両親のうち一方が働いているケースで見てみましょう。世帯年収が約590万円未満の場合、公立高校では年間11万8800円、私立高校の場合は年間39万6000円が支給上限額です。世帯年収が590万円以上、910万円未満の場合は、公立、私立ともに年間11万8800円が支給上限額となります。

ただし、年収はあくまでも目安であり、実際は「市町村民税の課税標準額×6％－市町村民税の調整控除の額」により判定されます。年収が910万円以上の場合でも、上記計算により該当する可能性もあります。年収だけをみて「うちは該当しないからもらえない」と判断せず、住民税の決定通知書を確認するようにしてください。

公立全日制の年間授業料の平均は年間11万8800円であるため、修学支援金で授業料の全額がまかなえることになります。

また、大阪府では２０２３年５月、これまで設けていた所得制限を２０２４年度から段階的に撤廃し、26年度から公立、私立ともに高校の授業料の完全無償化する素案を発表しました。府内在住で府外の高校に通う生徒も対象になる予定です。

## 【受験生への各支援制度】

高校受験時と同様、東京都が行っている「受験生チャレンジ支援貸付事業」（87ページ参照）は、高校受験時に利用したとしても、大学受験で再度申請することが可能。大学へ入学した場合に返済が免除になるのも同様です。対象要件や上限額があるため、東京都もしくはお住まいの自治体で詳細の確認をしてください。

現在、高校生対象の塾代助成を行っているのは東京都のみですが、大阪府をはじめ、検討に入っている自治体はあるため、制度の拡大が待たれます。

また、多くの予備校や進学塾では成績優秀者を対象に、授業料の一部割引や免除を行っています。保護者の所得によって成績優秀な生徒に対する経済的支援制度や奨学金制度を設けている塾もあるので、公式ホームページなどで情報収集してみてください。

# 大学

いよいよ18歳。成人にもなれば、日常生活での親の出番はほぼなくなり、残るは経済的なサポートのみといってもいいでしょう。そして、そのサポートにかかる費用は入学する大学や学部、自宅から通えるか通えないかによって大幅に変わります。とはいえ、多くの家庭では、子どもにかかるお金は最大の山場を迎えることになります。

どんぶり勘定では必ず痛い目にあうので、なるべく早い段階で支払い計画を立てる必要があります。まずは何にどれぐらいかかるのかをシミュレーションし、準備を進めていきましょう。

### 国公私立大学の入学料＆授業料の平均額

| | 入学金 | 授業料 | 施設設備費 | 合計 |
|---|---|---|---|---|
| 国立大学 | 28万2,000円 | 53万5,800円 | ※ | 81万7,800円 |
| 公立大学 | 39万1,305円 | 53万6,363円 | ※ | 92万7,668円 |
| 私立大学文系 | 22万5,651円 | 81万5,069円 | 14万8,272円 | 118万8,992円 |
| 私立大学理系 | 25万1,029円 | 113万6,074円 | 17万9,159円 | 156万6,262円 |
| 私立医歯系学部 | 107万6,278円 | 288万2,894円 | 93万1,367円 | 489万539円 |

参考：「令和3年度私立大学入学者に係る初年度学生納付金平均額の調査結果」「国公私立大学の授業料等の推移」※学部によって発生する場合もあり

## ▼▼▼出ていくお金

**【入学金・授業料】**

合格発表の数日後には納入が必要になるのが、入学金と前期の授業料です。推薦入試やAO入試なら8～12月ごろ、一般入試なら2～3月ごろになります。

文部科学省の調査によれば、国公私立大学それぞれの入学料と授業料の平均額は上の表のとおり。国立、公立、私立文系、私立理系の順で高額になっていくことが分かります。

また、私立は学部によって学費が大きく変わりますが、国公立はどの学部も同じ学費であることもポイントです。

授業料は1年間に2回、前期と後期に分けて支払います。入学前にはこの前期の授業料に加え、入学金と施設設備費をまとめて納入することになります。
これだけでも気が遠くなりますが、さらに入学手続きの際には寄付金や同窓会費が発生することもあります。大学によってそれらの有無や金額、納入方法は異なるため、入学前に調べておきましょう。

**【下宿にかかる費用】**

通う大学が遠い場合には、一人暮らしが必要になります。
日本政策金融公庫の「令和3年度教育費負担の実態調査」によると、下宿先の敷金や家財道具など、**生活のスタートにかかる費用については、1人当たり平均38万7000円。さらに自宅外から大学へ通う子どもへの仕送り額の年間平均額は95万8000円（月額約8万円）**。

とはいえ、これはあくまでも平均値。具体的に中身を見ると、「仕送り額0円」という世帯が1割いる一方、「100万円以上」という世帯が4割を超えており、世帯によって、かなりの差があることが分かります。

次に、一人暮らしの大学生の生活費を見てみましょう。

全国大学生活協同組合連合会の「第58回学生生活実態調査」（2023年3月報告）によると、食費や住居費、交通費、書籍費、教養娯楽費などひと月にかかる生活費は平均で12万3630円。同調査で自宅から通う大学生の場合は6万3580円だったので、約2倍かかると考えていいでしょう。

仕送りで足りない分は「アルバイト」「奨学金」でやりくりしていることも同調査では分かりました。

**【入学準備（入学式のスーツ代など）】**

入学式では基本的にはスーツ着用となりますので、事前に準備が必要です。とはいえ、就職活動までは在学中にスーツを着る機会はさほどないでしょうから、入学式の段階では親のお下がりやレンタルで十分といえます。

**【教科書代、パソコン端末代】**

教科書は年度の始めに指定されるため、各自で購入するのですが、大学内の販売店、ネット書店、一般書店など、購入先は自由であることがほとんど。

一般書と比べると比較的価格が高いため、中には先輩からのお下がりやネット書店で中古を探す大学生も多いようです。

コロナ禍でオンライン授業が普及した今、ほとんどの大学でパソコンの必携化が進みました。授業におけるレポート作成や提出、成績閲覧や講義の登録などにも活用されています。それらの大学では、入学前に必要なスペックが通知されるため、それに見合ったモデルを各自で購入することになります。

ノートパソコンの値段は、一般的には10万~15万円くらいですが、大学生協で購入するとそれよりも割高になることが多いようです。案内されるがまま大学生協で買う前に、同スペックのパソコンをより安く手に入れるための情報収集はしたいところです。

【交通費】

自宅から大学まで、多くの学生は定期券を購入することになるでしょう。学割のきく定期とはいえ、年間にすればかなりの出費となりますから、乗り換えの工夫その他でなるべく安くなる方法があれば、そちらを活用していきたいものです。

また、下宿生が帰省する際の交通費については、新幹線や飛行機の人が多数派なので、大きな出費になります。なかには深夜バスを利用してなるべく費用を抑える学生も少なくありません。

ちなみに、**学割は帰省の際に利用する新幹線や航空チケットにも使える場合が多くあります。**

例えば、ＪＲの場合は片道１０１㎞以上利用するときは運賃が２割引きになります（特急料金の割引はなし）。ただし、購入の際は窓口で学生証を提示することが必要です。

航空チケットの場合、学割という言葉ではなく、若い年齢層向けの「ユース割引」という名称が多いようです。ＪＡＬは26歳未満、ＡＮＡは25歳未満が利用できる割引プランを設けています。運賃は時期によって変動があること、予約期間やキャンセルの要件についても通常と異なるため、各社のＨＰなどでよく確認してください。

**【昼食代（学食その他）】**

進学情報サイト「スタディサプリ進路」が行った調査（２０１5年実施）によると、大学生の昼食の入手先として「学食」が43・6％、「弁当持参」が21・8％、「校内で購入」が17・8％でした。多くの生徒が毎日お弁当を持参していた高校時代と比べると、学食や売店を利用する人が半数以上に増えることが分かります。

全国大学生活協同組合連合会の「第58回学生生活実態調査」によれば、大学生の昼食にかける平均金額は５３４円と、実に堅実。これは、安く提供される学食が大きく貢献しているのでしょう。

**【サークル活動・交際費】**

サークルの費用はどこに入るかで大きく変動します。

例えば、道具が必要なスポーツ系に入れば、当然ながらコスト高になるでしょう。交際範囲、行動範囲も大学生になると大きく広がるため、食事会やイベントの参加費用も頻度によってはかなりの出費となります。

先の調査によれば、自宅生、下宿生のひと月の「教養娯楽費」は、共に約1万3000円。そして、アルバイト収入は共に約3万円でした。学費以外は自分でまかなう意識がある学生が多数派のようです。

**【国民年金】**

子どもが20歳になると、国民年金の被保険者となるため、保険料の納付義務が発生し、日本年金機構から加入通知と納付書が送付されてきます。2023年4月現在の納付金額は月額1万6520円です。

ただし、保険料を納めることができない学生の場合は「学生納付特例制度」があり、

**納付を猶予してもらうことも可能**です。社会人になってからの追納は必要ですが、猶予期間も、将来、年金を受け取るために必要な受給資格期間に算入されるため、必要な場合は必ず申請しておきましょう。払わないまま放置すると、未納の記録が残ってしまいます。

ただし、制度の適用には、学生自身の「前年度の所得が118万円以下」という要件があります。アルバイトの額によっては制度が適用されない場合もあるので、注意してください。

## ▼▼▼入ってくるお金

**【公共団体・大学が行っている奨学金制度】**

日本学生支援機構や大学が実施している奨学金制度には、大きく分けて返済をしなくてOKの「給付型」と、返済が必要な「貸与型」の2タイプがあります。

その内、貸与型はさらに無利子と有利子の2つの区分があります。

全国大学生活協同組合連合会の「第58回学生生活実態調査」によると、何らかの奨学金を受けている学生は全体の約3割。その内訳は、貸与型が約2割、給付型が約1割、平均受給額は月額5万5980円でした。

日本学生支援機構が行っている貸与型・無利子の「第一種奨学金」は高校最終成績が5段階評価で3・5以上、生計維持者が給与所得の場合で収入が603万円（世帯人数3人・国公立大学の場合）以下であることが目安。

貸与型・有利子の「第二種奨学金」の場合は、成績が平均水準以上、生計維持者が給与所得の場合で収入が1012万円以下（世帯人数3人・国公立大学の場合）が目安です。

給付型奨学金は、家庭内の収入に対する厳しい審査基準があります。現在は、年収270万円未満の住民税非課税世帯で最大年161万円の支援が受けられます。世帯収入に応じて3段階の基準で支援額は決まります。

自分がどの奨学金を利用できるかについては、日本学生支援機構のホームページの「進学資金シミュレーター」(https://shogakukin-simulator.jasso.go.jp/)で、だいたいの目安を知ることができます。どの奨学金が対象になるか知りたい人は、簡単な質問を入力するだけなので、こちらで確認してみてください。

適用条件が厳しい給付型奨学金ですが、近年は対象者を拡大するために親の所得基準や成績評価を緩和する方向へ動いています。

2023年4月、文部科学省は給付型奨学金の適用対象を、年収600万円以下で「扶養する子どもが3人以上」「私立理工農系学生」の世帯に広げると発表しました。新制度のスタートは2024年度からの予定です。

また、大学が行っている学内奨学金や授業料の減免なども多数ありますので、希望する大学もしくは入学した大学の支援制度について調べてみるとよいでしょう。中には、成績上位者の授業料を大幅に減免する大学もあります。

日本学生支援機構のホームページ上では、大学や地方公共団体が行っている支援制度が検索できるので、情報収集に役立ててください。

◆日本学生支援機構　https://www.jasso.go.jp/shogakukin/dantaiseido/index.html

## 【民間企業が行っている奨学金制度】

知る人ぞ知る……というくらいあまり情報が広まってない感があるのが、民間企業が行っている給付型の奨学金制度です。電通や日本証券、ＪＴやコカ・コーラ、トヨタ、ニトリ、キーエンス財団など、多くの企業が独自の要件と給付金で奨学金を出しています。

多くは、大学の学生支援課などへ行くと情報が得られるので、一度確認してみてください。申し込み期限や大学・学部指定などもあるので、自分にマッチするものがあれば応募するのも一案です。

日本学生支援機構の奨学金との併用が可能なものもあります。

COLUMN

# 祖父母に援助してもらうときの注意点

101ページの一覧のとおり、大学進学時には100万円以上の出費があるのが通常です。奨学金を受給するにしても、実際に申し込みから入金されるまで時間がかかり、タイミングによっては手持ちのお金でまかなえなくなることもあるでしょう。その場合、不足分を祖父母から援助してもらうケースが少なくありません。

その際に注意が必要なのが、贈与税です。通常、祖父母や親から子や孫へ贈与があった場合は、**贈与税の課税対象となる可能性**があるからです。

通常であれば**教育費のための贈与には課税されません**が、①**金額には上限がある**こと、②**「確かに教育費に使いました」という証明が必要な場合**があること。この2つは押さえておきましょう。

まず、「暦年贈与《れきねん》」として、1年間に110万円以下に抑えて非課税とする方法があります。110万円以下であれば、贈与税の基礎控除額以内となるため、非課税となり、申告も不要となります。

もう一つは「都度贈与」です。そもそも、親や祖父母など直系尊属が子や孫へ教育資金を渡しても非課税扱いとなるのが通常です。そのため、110万円を超えたとしても、教育費に使ったことが証明できれば贈与税がかかることはありません。

ただし、「必要なときに必要な金額だけをその都度渡す」という点は押さえる必要があります。数年分をまとめて渡すと課税対象になってしまう、ということです。

また、教育資金に使ったことを証明するため、贈与は金融機関を通して日にちと金額を明確にしておき、領収書を保管しておくことも必要です。

**とにかくまとめて渡したい！　という場合には、「教育資金の一括贈与」という制度があります。**親や祖父母から30歳未満の子や孫へ教育資金に充てるための贈与であれば、1500万円までが非課税になる制度です。

制度を利用するためには、金融機関で「教育資金口座の開設」を行い、金融機関経由で税務署へ「教育資金非課税申告書」を提出する必要があります。教育資金への支払いであることを証明する請求書や領収書を提出することで、非課税でお金を引き出せるようになります。

この制度は2023年3月までの期間限定でしたが、税制改正で2026年3月末までの延長が決定しました。制度を利用する場合にはこの期限内に申請してください。

# よくある
# 失敗から学ぶ
# お金の落とし穴!

# STEP 3

# 子どもにかかるお金の事例を知ろう!

# 「贅沢していないのに教育費が貯まらない……！」ワケ

私は日々、さまざまな家庭の家計についてご相談を受けていますが、そのなかでも、お子さんを持つご家庭の場合は、次のような思いが相談をするきっかけになっています。

「子どもが大学へ行くまでの教育費を着実に貯めるプランを知りたい」
「教育費は何とか出せても、その後の老後資金が足りるか心配」

そもそも、ファイナンシャルプランナーへ相談をしようと考える人たちですから、お金に対する一定の知識を持ち、投資や貯蓄意識も高い傾向があります。

その一方で、「贅沢していないのに、なかなか教育費が貯まらない……」という不安を抱えて、私のところへやってくる人も少なくありません。

贅沢品を買っているわけでもなく、外食や旅行を頻繁にしているわけでもないのに、なぜか生活が苦しい。貯金も思ったように増えない……。理由が分からないので不安もどんどん膨らみ、「一度プロに相談してみよう」という流れです。

**そうした人たちが持つ不安はまさに的中しており、たいてい家計には大きな穴があいています。**そこからとめどなくお金が流れ出ているため、必然的に教育資金は増えていきません。

やっかいなのは、本人たちにはこの「家計の穴」がまったく見えていないこと。「あって当たり前の出費」と思い込んでいるため、どこをどうやって削ればいいのか分からないのです。

ここでは、そんな「家計の穴」があいてしまっていたケースについて紹介していきます。「家計の穴」は家庭によって違いますが、〝あるある〟といえる、何度も出会うタイプの穴がいくつかあります。もしかしたら読者の皆さんの家計にも、その穴が1つか2つはあいているかもしれません。まずはその落とし穴をいっしょに見つけ、ふさぎ方についても学んでいきましょう。

## ① 住宅ローンに家計が圧迫されているAさんのケース

- **家族構成**　夫：30代（会社員）　妻：30代（専業主婦）　長男：3歳　次男1歳
- **世帯収入**　夫700万円
- **貯金額**　600万円

**毎月の支出**

| | Before | After |
|---|---|---|
| 食費 | 100,000円 | → **70,000円** |
| 日用雑貨 | 15,000円 | → **10,000円** |
| 光熱費 | 30,000円 | |
| 通信費 | 6,000円 | |
| 子どもにかかる出費（習い事、塾、交通費など） | 10,000円 | |
| 住宅費 | 170,000円 | |
| 保険料 | 30,000円 | → **10,000円** |
| 医療費 | 5,000円 | |
| 被服&美容 | 20,000円 | → **10,000円** |
| 趣味&交際費 | 50,000円 | → **40,000円** |

**新たに生まれた教育費のための月額資金は ………… 75,000円**

## 「住宅費は手取りの3割」神話に苦しむ家は多い

Aさんが都内に家を購入したのは、3年ほど前のこと。住宅メーカーの営業から「家賃より安いローンが組めますよ。返済額が収入の3割程度であれば、健全なローンです」というすすめを受け、頭金ゼロで住宅を購入。住宅ローン、管理費、修繕積立金、固定資産税を入れて月々17万円、年に204万円の35年返済で住宅ローンを組んでいました。

しかし、家を購入後まもなく、「自由に使えるお金が少ない」という実感を抱き、貯金もイメージどおり増えていかず、「将来的に子ども2人の教育費が出せるの？」という不安から、私のところへご相談にやってきました。

Aさんは、私がご相談者の改善プランを提案するのに苦しむ、典型的なケースでした。Aさんの世帯年収は700万円。一見、余裕がありそうに思えるのですが、その3割強が、住宅ローンで占められている状態でした。

家計を健全化しようとするとき、最もネックになるのが、高すぎる住宅ローンです。多くの場合で20～30年間、ときには35年間という長期にわたり、絶対に支払わなければばいけない固定費となってしまうためです。

先のとおり、「住宅費は収入の3割なら大丈夫」といわれています。私に言わせれば、それは根拠の薄い〝神話〟であり、それを信じてローンを組んで、あとから苦しんでいるケースは枚挙にいとまがありません。

特に、Aさんの場合は年収700万円に対して約3割（29％）にあたる204万円の住宅費であったために、私は正直、頭を抱えてしまいました。年収700万円から社会保険料を引いた手取りは約540万円です。つまり、実際には手取りの約4割が住宅ローンでロックされている状態だったのです。


私は子どもの教育費を考慮したとき、住宅費は手取り収入の2割までが健全だと考えています。

Aさんのように、子どもの教育費がかからない「今」だけの判断で「これぐらいなら払える」と判断し、ローンを設定してしまうと、いざ教育費がぐんぐん増えてきたときにパンクしてしまうのです。返済額は「今」だけではなく、5年後、10年後、15年後を見据えて慎重に設定するのが正解です。

## 「見える化」で無意識の出費をシャットアウト！

先に述べたとおり、住宅費は家を売却しない限り、動かせない固定費です。そのため、それ以外の部分で改善できることを提案しました。

1つは、お金の出入りを正確に「見える化」するために、クレジットカードとキャッシュカードの枚数をできる限り絞ったこと。カードが複数枚あると、明細の確認も煩雑になるため、お金の出入りが把握しきれなくなります。解約を忘れたままのサブスク代や、幽霊会員になっているスポーツジム代などが長年引き落とされたまま放置……といったことも起こりやすくなります。

見直すべき出費を見極めるためにも、夫婦あわせて所有していたクレジットカード10枚を4枚に、キャッシュカード8枚は4枚に減らしてもらいました。

さらに、「お金管理の仕組みを作りたい」というご希望があったので、家計管理アプリをおすすめしました。毎日の細かな出費をスマホで手軽に振り分けることで、お金に対する感度を高め、衝動的な使い方を予防することにつながります。

結果、食費は3万円ダウン、日用雑貨もネットスーパーのセールでまとめ買いするなどでコストを抑えられるようになりました。「制限なくコンビニでスイーツやペットボトルを買ったり、頻繁にカフェに立ち寄る習慣がなくなりました」とAさん。無意識の日々の出費をなくす効果には、私自身、いつも驚かされます。

加えて、月額3万円の保険についても、もっと保険料の安い掛け捨て保険に変更することで、月額の保険料を1万円程度まで減らすことに成功しました。

また、幸い600万円という貯金があったので、こちらについては緊急時の生活防衛資金（生活費の6カ月～1年分）として、現金でとっておくことを提案しました。そして、「新たに生まれた教育費のための月額資金7万5000円」の一部はNISAの口座を作って運用することに。はじめの一歩として、夫婦それぞれのつみたてNISAの口座を作り、年間1人40万円、合計年80万円の積み立てをスタート。教育資金として確保して、他の用途のためには手をつけないという覚悟を夫婦で共有してもらいました。

想定利回り3％で10年間積み立てれば、およそ920万円になりますから、かなり心強い教育資金となるでしょう。

## 繰り上げ返済で未来を楽にするより、「今」必要なお金を確保する

Aさんは「節約できたお金で、今のうちに繰り上げ返済をしたほうがいいでしょうか？」ともおっしゃっていましたが、私は「いつか払わなければいけないお金を片付けるよりも、今、必要なところにお金を回していきましょう」とお伝えしました。

繰り上げ返済は長い目で見れば支払い額は減りますが、それよりもまったなしの子どもの教育費を先に確保したほうがよいという判断です。実際、教育費のための貯金も、月に1万円ほどしかできていなかったため、これで繰り上げ返済を始めたら、さらに教育費が貯まらなくなってしまうのは明白でした。

正直、「住宅ローンを組む前に相談にきてくれたら……」とも思いましたが、高校、大学まで十数年あるのがまさに不幸中の幸いでした。早いうちに手を打つことで、できる限りの準備ができる。そのことを実感するケースでした。

今回の相談で家計が見えたことで、「自分ができることがないか」と考えるようになった奥さんは、webデザイナーの経験を活かして「少しずつ在宅で仕事を始めます！」と宣言されました。子育てと仕事を在宅で働くスタイルで両立させながら、収入を少しずつでも増やしていくことで、家計はさらに改善していくでしょう。

## ② 高すぎる保険料で家計が苦しいBさんのケース

- **家族構成**　夫：40代（会社員）　妻：40代（会社員）　長男：12歳　次女9歳
- **世帯収入**　夫600万円＋妻350万円＝合計950万円
- **貯金額**　1000万円

**毎月の支出**

| | Before | After |
|---|---|---|
| 食費 | 110,000円 | → **90,000円** |
| 日用雑貨 | 20,000円 | |
| 光熱費 | 30,000円 | |
| 通信費 | 20,000円 | → **7,000円** |
| 子どもにかかる出費（習い事、塾、交通費など） | 50,000円 | |
| 住宅費 | 120,000円 | |
| 保険料 | 50,000円 | → **20,000円** |
| 医療費 | 10,000円 | |
| 被服&美容 | 20,000円 | |
| 趣味&交際費 | 40,000円 | |
| その他（旅費、イベント代など） | 80,000円 | |

**新たに生まれた教育費のための月額資金は…………63,000円**

## 将来の保障のかけすぎで、今必要な教育費を失うことに

日本の生命保険の加入率は約9割、年間に支払う平均的な保険料は40万円ほどといわれています。

保険には医療保険、死亡保険、個人年金保険など種類はいろいろあります。中でも、私のもとにくるご相談者の加入率が高いのが、「終身保険」です。終身保険とは、保障が一生涯にわたって継続する保険のことです。

Bさんも多くの人と同じように、20代から40代にかけて、掛け捨ての死亡保障と3つの終身保険に加入していました。「教育資金を準備する余裕を作りたい」という相談でしたが、私がまず注目したのが、月に5万円以上の高額すぎる保険料でした。生命保険に入るにしても、残された家族が困らないための最低限の保障があれば十分だと思うのですが、それ以上の保障をかけているために保険料が無駄に高額になっている人がとても多いと、常々感じています。家計のなかで保険料が占める割合が膨らみ過ぎて、教育資金になかなか回らない……というケースはめずらしくありません。

Bさんへ「3つの終身保険へ入った理由は何ですか？」と伺ったところ、「貯蓄のためです！」とのこと。確かに終身保険は保障機能と貯蓄機能が合わさった保険商品

ではありますが、そもそも生命保険はあくまで老後や死後の保障のためでしかありません。貯めること、増やすことに特化する場合は、次章で説明する投資信託に同額をかけたほうが、ずっと効果的です。

Bさんには将来の保障を厚くしすぎるために、現在の子どもの教育費が手薄になってしまうことを伝え、保険の見直しを提案しました。

## 「払い済み」で保険料をストップして保障はキープする

加入している4つの保険のそれぞれの保険料は、掛け捨てタイプが月額5000円、終身保険が月額1万5000円、1万円、2万円と、合計で5万円。

掛け捨て保険はそのまま残し、月額1万5000円の終身保険は、あと2年支払えば支払額よりも返戻金が上回ることが分かったため、頑張って2年間継続することに。**残り2本の保険については、支払額より解約返戻金が上回ってプラスの状態だったので、「払い済み」の手続きをして、今後の保険料の支払いをストップ**しました。

終身型保険を見直す場合、私は基本的には「解約」「減額」「乗り換え」だけではなく、「払い済み」をおすすめすることもあります。払い済みとは、保障金額を減額する代わりにそれ以降の保険料の支払いをなくす仕組みのこと。「途中解約」にすると解約返戻金が戻ってはきますが、それまで支払った保険料の一部しか戻ってこないことがほとんど。一方、**払い済みにすれば一定の保障は継続できるうえ、解約返戻金は予定利率で運用され続けるため、数年が経過すればプラスに転じることも。**

ただし、保険金額の減額や、特約や配当金がなくなるといったデメリットはあります。また、保険会社によっては払い済みの仕組みがない場合もあるので、保険証券や年に一度届く「ご契約内容のお知らせ」でよく確認のうえ、判断することが必要です。

Bさんが加入していた終身保険にも医療特約がついていましたが、払い込み済みにすることでこの特約はなくなりました。そのことに不安を感じる人もいますが、**私は医療保険は基本的にほぼ必要ないと考えています。**健康保険で3割負担で済むうえ、医療費が一定額を超えた場合、超えた部分の医療費を払い戻す「高額療養費制度」という制度があるからです。例えば、年収約370万～770万円の場合（3割負担）、100万円の医療費がかかった場合の窓口での負担は計算上は30万円（3割）です。しかし、高額療養費制度があることで、実際の自己負担額は8万7430円（自己負担額の上限は年齢と所得区分で異なります）となります。

医療費が高額になりそうなときは、事前に保険組合へ「限度額適用認定証」の交付を申請し、医療機関の窓口に提示すれば、支払いを自己負担限度額までに抑えることができます。

また、大手企業の健康保険組合に加入している会社員は、高額療養費の自己負担額の一部が払い戻される「付加給付制度」がある場合もあります。付加給付の金額は各健康保険組合により異なりますが、厚生労働省が指導する金額は1人1カ月の自己負担を2万5000円としているので、それに近い金額で設定されることが多いといえます。そして、病気で休んでいる間は健康保険組合の傷病手当金も支払われます。

こうした**会社の健康保険組合の手厚さを知らずに、民間の医療特約に複数入っている人は少なくありません**。実際に、Bさん夫婦ともども、手厚い健康保険組合に加入していたこと、会社の団体医療保険でまかなえることが判明しました。

このように、特に会社員の場合は国と企業、双方からのサポートで乗り切れることが多いので、私は手厚い医療特約はさほど必要ないという考えなのです。

結果、保険料の見直しで3万円、制限なく使っていた食費には月額の上限を設けてもらうことで、2万円の余裕ができました。通信費の見直し1万3000円の削減も加わり、合わせて6万3000円を、今後はNISAで積み立ててもらうことを提案。現在12歳の息子さんが大学入学を迎える18歳までの6年間、年利3%で運用したとしたら約500万円になると予想できます。

## ③ 子どもの習い事無制限 Cさんのケース

- 家族構成　夫：50代（会社員）　妻：40代（会社員）　長男：11歳
- 世帯収入　夫800万円＋妻300万円＝合計1100万円
- 貯金額　1200万円

**毎月の支出**

| | Before | After |
|---|---|---|
| 食費 | 90,000円 | |
| 日用雑貨 | 25,000円 | → **20,000円** |
| 光熱費 | 30,000円 | |
| 通信費 | 20,000円 | → **10,000円** |
| 子どもにかかる出費（習い事、塾、交通費など） | 118,000円 | → **66,000円** |
| 住宅費 | 100,000円 | |
| 保険料 | 20,000円 | |
| 医療費 | 10,000円 | |
| 被服&美容 | 33,000円 | |
| 趣味&交際費 | 83,000円 | → **70,000円** |
| その他（旅費、イベント代など） | 100,000円 | |

**新たに生まれた教育費のための月額資金は…………80,000円**

## 塾＋習い事5つでお金も時間もパンク状態に

Cさんは「小5の息子の中学受験を予定していて、将来的な教育費について相談したい」と、知人を通して私のところへいらした方です。

Cさんの家計の問題点は一目瞭然で、**子どもの習い事にかけている出費の合計が極端に多いということでした。**

息子さんは中学受験を予定しているため、学習塾に年間約70万円かけて通っていました。加えて、絵画教室、プログラミング教室、英語、水泳、ピアノと5つも習い事をしていたのです。これらの習い事を合計すると、月に6万円、年間で約70万円近い出費が発生していました。

塾代と合わせると年間142万円……Cさんの世帯収入の約13％（手取りの17％）を占めていることになります。住宅ローンが月に10万円、年間120万円ですから、住宅費を大幅に超えた出費となっていたのです。

さすがに住宅費よりも子どもの塾・習い事代が多いというのは、健全とは言えません。

**子どもの習い事で消費されるのは、お金だけではありません。子どもが複数習い事をしているために、親子で疲弊しているケースは非常に多く見受けられます。**

スケジュール管理や送迎、習い事先の先生や保護者との人間関係などに対して、親の気力や時間も思っている以上に消費します。子どもが低年齢であるほど、その労力は大きくなる傾向があります。

お金、時間、労力などをかける比重があまりにも習い事に傾いている相談者さんの場合、私は「何を目的に子どもに習い事をさせていますか？」と質問しています。もしお子さん自身が「やりたい」と希望している場合には、「習い事をすることでお子さんは何を得たいのか」も聞きます。

そのとき、家計に対して習い事がどれぐらいかかっているのかについて、親御さんからお子さんへ分かりやすく説明してもらうこともお願いしています。たとえ小学生でも3～4年生くらいになれば、自分の家の家計の事情を何となく理解することは十分に可能だからです。

これをやる理由は、親も子どもも「何かやらないと不安だから」「何となく」「友だちもやっているから」という動機であることが多いため。そうしたあいまいな動機で家計に痛手を与えるほどの課金をしていることに、気が付いてもらいたいのです。

そのうえで、かけているリソースに対して、得られること、もしくは将来的に得られることは見合っているのか。そのバランスについて、親子で考えてもらう時間を作ってもらいます。

Cさん親子にも、同じアプローチで話を進めていきました。これから本格的に始まる受験準備には、さらに塾代はどんどん上がっていくことは確実です。現在、すでにかなり不健全なほど習い事に出費しているため、これを見直すことは必須。

**子どもの「習い事」「学習塾」「趣味」のすべてに無制限に課金することで、危うい家計になっている家庭はとても多く見受けられます。**「子どものやりたいことはできる限りやらせてあげたい」という気持ちは分かりますが、そのために将来の教育資金が足りなくなり、高校や大学を選べなくなる……ということにもなりかねません。さらにその先には、親が老後破綻する可能性もあるのです。

今だけではなく、中長期の長い目で見たときに、先の3つにどれだけお金が使えるのか、バランスを取ることはとても大切です。

## 子どもより熱くなってしまう親が〝抜け出せない沼〟にハマる

結果、Cさん親子が決めたのが、お金も時間も塾を最優先にすること。「友だちがいるから」という理由で通っていた英語、水泳、ピアノ、絵画はいったんお休みして、息子さんが「どうしても続けたい」というプログラミング教室だけを継続しつつ、通う回数は減らすことにしました。好きなプログラミングと受験に集中することで「中学生になったらパソコン部でプログラミングをやる！」と受験のモチベーションアップとなったそうです。

塾代＋習い事代あわせて142万円だったのを、最終的には年間79万2000円に減らすことができました。

本当は子どもの「習い事＋塾＋趣味」にかかる出費は、年収の1割程度に抑えたいところですが、高額な塾代がかかる受験生の場合はそうもいきません。**数年の間は交際費や外食をその分控えるなどで、乗り切る覚悟は必要**でしょう。

Cさんには志望している私立中高一貫校にかかる教育費を用意するために、投資信託を始めることも提案しました。

**習い事や塾の出費を雪だるま式に増やさないために気を付けてほしいのが、「親が子ども以上に熱くならないこと」です。**

どんな習い事も、子どもがやり始めると親は応援する気持ちが高まって、子どもよりも熱中しすぎてしまうことがあります。子ども以上に熱くなった親は、子どもの気持ちや考えに寄り添えなくなり、強権的に努力や結果を強《し》いるようになってしまいがちです。

また、32ページでも述べたように、「これだけお金と時間を割いてきたのだから、途中でやめたらもったいない！」という気持ちから、「受験沼」「習い事沼」にハマるケースも。嫌がる子どもにやめることを許さず、強制し続けることが本当に子どもの心と体の発育を伸ばすことにつながるのかは大いに疑問です。

どんなに時間とお金をかけていたとしても、「やめる勇気」を発動するべきときはあります。特に、子どもの気持ちをよく聞き、「やめる選択肢」があることも伝えてあげてほしいと思います。

## ④ 年収1000万円超でも貯金ができないDさんのケース

●**家族構成** 夫：50代（会社員） 妻：50代（パート） 長男：10歳
●**世帯収入** 夫900万円＋妻120万円＝合計1020万円
●**貯金額** 100万円

**毎月の支出**

| | Before | After |
|---|---|---|
| 食費 | 80,000円 | |
| 日用雑貨 | 10,000円 | |
| 光熱費 | 25,000円 | |
| 通信費 | 17,000円 | → **7,000円** |
| 子どもにかかる出費（習い事、塾、交通費など） | 90,000円 | → **81,000円** |
| 住宅費 | 100,000円 | |
| 保険料 | 60,000円 | → **20,000円** |
| 医療費 | 10,000円 | |
| 被服&美容 | 10,000円 | |
| 趣味&交際費 | 40,000円 | |
| その他（旅費、イベント代など） | 100,000円 | → **60,000円** |
| 車両費 | 80,000円 | → **15,000円** |

**新たに生まれた教育費のための月額資金は ……… 164,000円**

## 「家、車、私立」のすべてを満たすのはリスク大!

Dさん夫妻は共働きで世帯年収は1000万円超と比較的高め。お子さんも息子さん1人と、一見すると十分余裕がありそうに思えます。

ところが「思ったように貯金ができなくて不安。子どもには私立の中高一貫校を受験させたいが、高齢出産なので老後前に子どもの学費がピークになる。どうやったら乗り越えられるか相談したい」とのことで、私のところへいらしたケースです。

Dさんの家計の問題点は、「家、車、私立」すべての充実を望むことから、現金が残らないということでした。この3要素は数百万~数千万円かかる、高額出費のベスト3であるため、すべてを満足させようとすれば、当然ながらたいていの家計は破綻してしまいます。

50代で世帯年収1000万円を超える世帯は約2割といわれていますが、その金額で余裕たっぷりの生活ができるかというと、実はそうでもありません。家と車を買って子どもを私立へ入れようとすると、想定外に家計は苦しくなります。まさに、Dさんがそれにぴったりと当てはまります。

実際に、Dさんは住宅ローンが月に10万円、子どもの塾や水泳、英会話などの習い事代が合わせて9万円。車のローンと駐車場代、ガソリン代が合わせて8万円と、どれをとってもかなりの高額出費となっていました。

それに拍車をかけていたのが、月10万円という旅費・イベント代です。聞けば、家族でテーマパークが大好きで、月に1、2回は出かけているとのこと。そのたびにチケット代や交通費、食事代で3万～4万円ほどの出費に。そのほか年に1度の海外旅行、年に2度の帰省などの出費が上乗せされ、年間トータルで100万円以上になっていました。

私がまず提案したのが、「家、車、私立」のバランスについて検討することでした。とはいえ、固定費である住宅費は動かすことが難しそうです。

また、中学受験も予定どおり行いたいと強く希望されていたため、ひとまず、息子さんと相談して水泳を中学まで一度お休みすることに。小学校高学年になれば、塾へ通う頻度も授業料も増えるので、ちょうどよいタイミングだったといえます。

一方、話を伺っているうちにDさんご夫妻には車に対して強いこだわりはないわりに「家と同様に、車は所有するもの」という思い込みがあることも分かりました。お住まいの地域は電車やバスなどの交通の便はよかったため、「カーシェアに変えてもかまわない」とのことでした。幸い、所有車が人気の高いリセールバリューの高い車種だったため、さほどのマイナスも出ないことが予想できました。

これだけでも、月に6万5000円浮かすことが可能なので、大幅な見直しになりました。

## 〝安心〟や〝楽しみ〟はできるだけ残そう

次に注目したのが、保険の見直しです。Dさんは貯金は多いとはいえませんでしたが、その一方で何十年も前に入った利率の高い年金保険に加入していました。老後の不安を抱えていたことから、それはそのままキープして、さらに掛け捨てタイプの死亡保険もそのまま継続。一方、夫婦で重複して入っていた医療保険、車を手放すことから不要になった自動車保険は解約することに。

結果、月々の保険料の支払いは6万円から2万円に。4万円の減額に成功しました。

細かなところでは、夫婦そろって携帯電話を割高な大手の通信キャリアで契約していたため、格安SIMへの乗り換えをしてもらいました。**結果、使えるデータ量は変わらないまま、月々の料金は1万円節約、年間12万円落とせた**ので、将来、息子さんがスマホを使うようになっても、見直し前よりは安く抑えられるでしょう。

私がご相談を受ける方々のなかでは、ドコモやau、ソフトバンクなど大手通信キャリアで契約している人が大勢を占めています。実際に、総務省の調査では、携帯電話所有者のおよそ8割は大手通信キャリアで契約しており、年代が高くなるほどその傾向は高くなるそうです。

面白いのは、収入が高い人ほど格安スマホの利用率が高いというところ。お金の感度が高い人ほど、料金を比較検討して、コスパのよいほうを選択しているということが分かります。

スマホは今や必需品ですから、通信費をこれから何十年も払い続けることは間違いありません。月に数千円の違いとはいえ、5年、10年の長期で見れば、トータルでかかる金額の差は莫大です。まだ大手通信キャリアを使っているという人は、月々使用しているデータ量をチェックして、同じ量で格安SIMの場合はいくらになるかを確認してみてください。実際の月額を10年分で換算してみれば、早めの見直しが吉、と分かってもらえると思います。

見直しの勢いがついたことで、Dさん一家は家族会議で話し合い、中学に入学するまでの3年間は受験に時間もお金も注力することを決め、海外旅行はお休みすることにしたそうです。しかし、人生においては楽しみも必要です。私は家族の一番の楽しみになっているテーマパーク通いや帰省は続けてもよいのでは、とお伝えしました。今しか得られない家族の大切な思い出は削減せず、適度な楽しみは継続してほしいと考えたためです。

結果、見直しによって月額16万円以上の余裕が生まれました。教育資金、老後資金に半分ずつ振り分けても、十分な準備ができそうです。

今回のご相談のなかで、私が一番うれしかったのが「奥さんの働き方を変えませんか？　今は扶養内の収入に留めていますが、今後はそれを振り切って働けば、入ってくる現金がグンと増えるので安心できると思います」とお伝えしたところ、「実は迷っていたのですが、そう言ってもらえて吹っ切れました！」と奥さんの表情がグンと明るくなったことでした。

今回の家計の見直しで、年間約200万円——私立中学の学費1～2年分が捻出できるようになりました。しかし、これだけでは次なる目標である、大学の教育費の準備は難しそうです。そのための収入アップのご提案でしたが、実に前向きに受けとめてくれました。将来の家計が数字で見えてくることで、それまで抱えていた不安が、働く覚悟や勇気に入れ替わる様子を間近で感じることができました。

家計が不安になったときには、ぜひ数字を明らかにして不安の「見える化」をしてください。すると、解決法が見えてきて、Dさんのように不安を「やる気」「覚悟」に変えることにつながります。

# 無理なく
# "子どもにかかる
# お金"が貯まる
# 投資術

# STEP 4

# 子どもにかかるお金を準備する方法を知ろう!

# ベストな教育費の積み立て方法は？

本章では、高校・大学入学のために教育費を準備するうえで、どんな方法があるのか。そして、どの方法が効率的なのか？　についてお伝えしていきます。

STEP3でお伝えしたように、ある程度収入があるような家庭でも、子育てにお金がかかる時期になると一気に余裕がなくなってしまうもの。この状況を少しでも良くするために、子どもが小さいうちから準備をしておくことが大切です。

次ページのグラフのとおり、一般的に、教育資金を準備するには次のような方法があります。

❶ 学資保険に入る
❷ コツコツと現金を貯める
❸ NISA制度を利用して投資する

それぞれについて、掘り下げて見ていきましょう。

## 教育資金の準備方法1位は「銀行預金」、2位「学資保険」

**子どもを大学等へ進学させるための教育資金を準備している方法**［複数回答形式］
**対象：高校生以下の子どもの親**

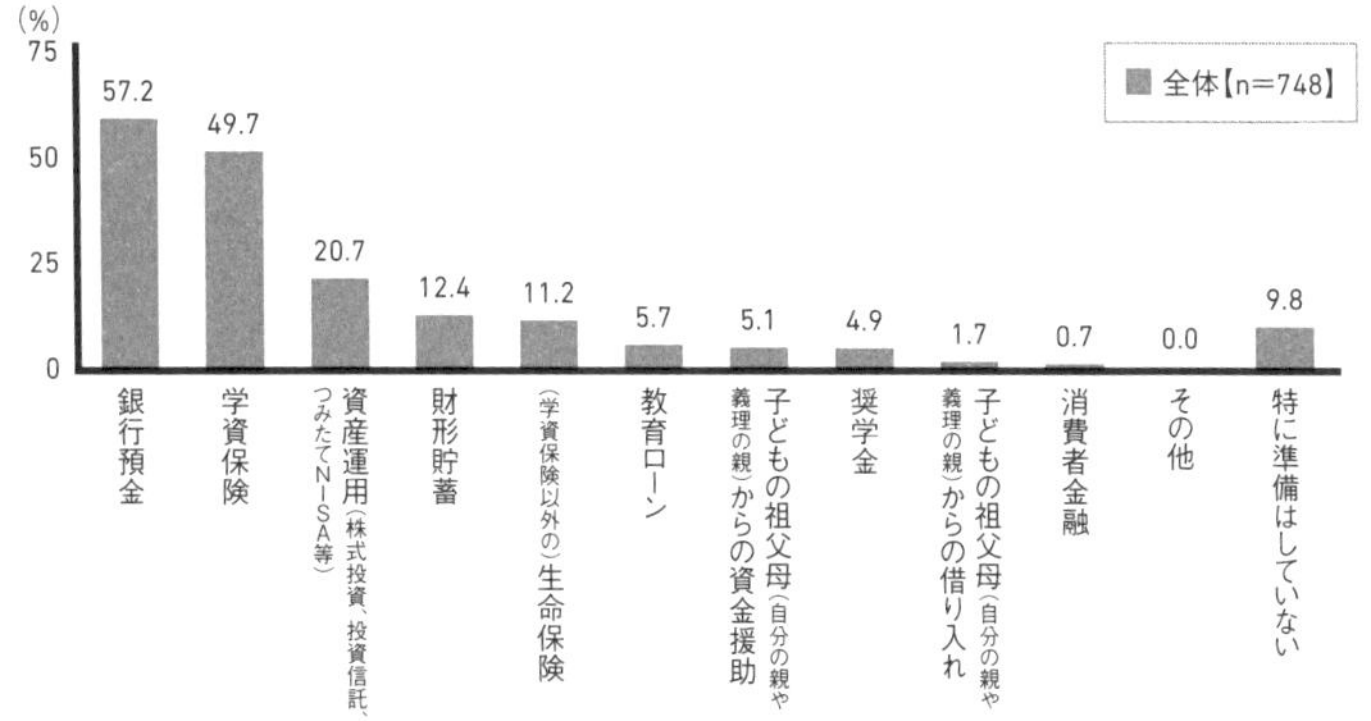


**子どもを大学等へ進学させるための教育資金を準備してきた方法**［複数回答形式］
**対象：大学生等の親**（予備校生・浪人生を含まない）

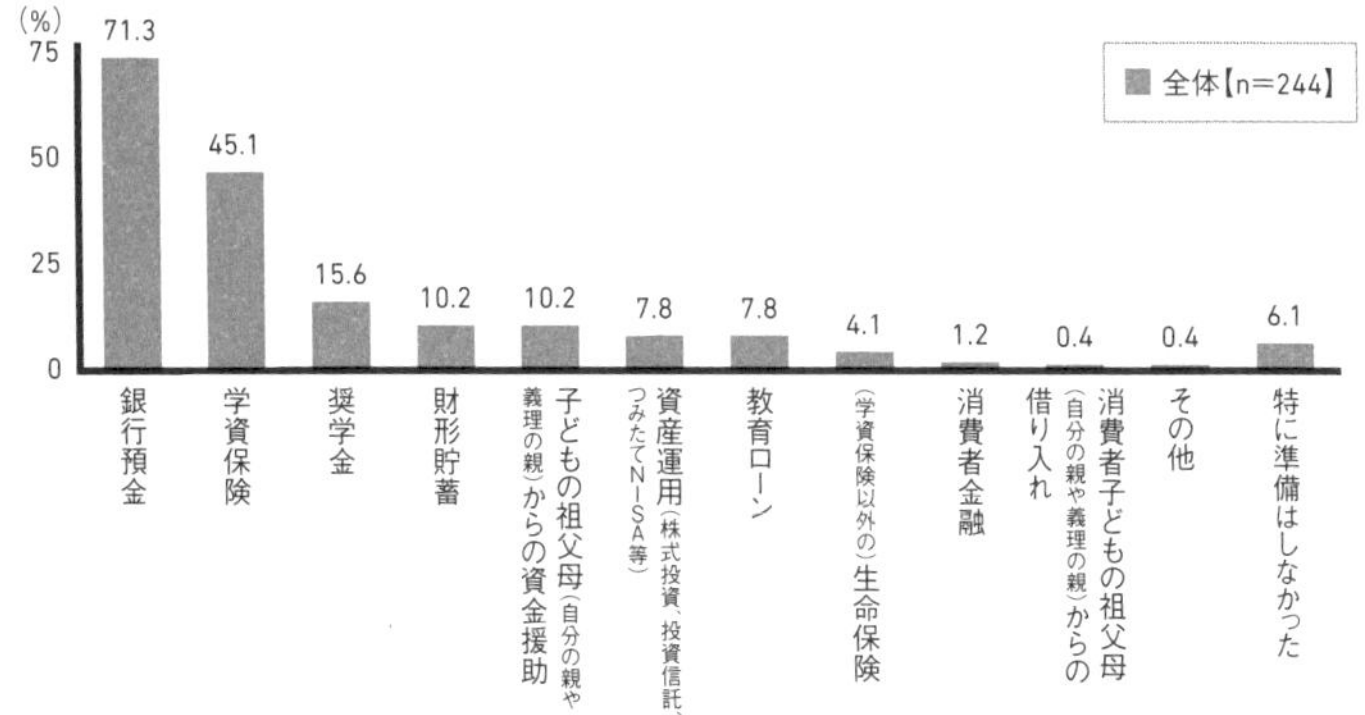


参考：「子どもの教育資金に関する調査（2023年）」ソニー生命

## 真❶ 学資保険に入る

「子どもが生まれたら、すぐに学資保険に加入するもの」

そんな意識を持っている人は、今でも少なくありません。実際に、ソニー生命が2023年に行った「子どもの教育資金に関する調査」によると、教育資金の準備方法として、約5割の人が学資保険を利用していました。

結論からいうと、**私自身は学資保険のメリットはほぼないと考えています**。私も加入したことがありませんし、生命保険会社に勤めていたころも、クライアントへ積極的にすすめたことはありませんでした。

その理由の一つに、「一部引き出しができない」ということがあります。

例えば、学資保険に加入する人の多くは、満期を大学入学時の18歳に設定しています。しかし、想定外に子どもが私立高校に入学することになったとき、手持ちの貯金では心細くなることもあるでしょう。

このとき「学資保険の一部だけを解約する」といったことができません。しかたなしに中途解約すれば、ほとんどの場合で元本割れをしてしまいます。

対して、投資信託であれば、一部引き出しも可能です。その分、自由度が高いので、使い勝手がよい教育資金準備法といえるでしょう。

「学資保険には貸付制度がある」と考える向きもありますが、当たり前ですが貸し付けは返済が必要です。しかも、利息をつけて返すことになるため、やはりあまり効率のよい方法とは言えません。

さらに、「長期にわたって毎月一定額がブロックされてしまう」のも、理由の一つ。家計が苦しいときも、問答無用で引き落としがなされる……これは、精神的にもかなりの負担になります。

子どもの未来に投資しすぎて、「今だから」経験できることに投資してあげられないことも出てくるでしょう。その不自由さに、ストレスを感じることが必ず発生するだろうと感じたのも、私が学資保険に加入しなかった大きな理由でした。

「学資保険にメリットがない」と考える理由3つ目は「投資効率の悪さ」です。

相談を受けていると、「学資保険の性質を正確に理解している人が少ない」と感じることがよくあります。というのも、学資保険を蓄財方法の1つと考えている人がとても多いからです。

しかし、学資保険は貯蓄性はあるものの、あくまでも親に万一のことがあった場合に保険金を受け取れたり、保険料の払い込みが免除される「保険」商品です。例えば、親に生命保険をしっかりかけているのに、学資保険にも加入する……というのは、保障がダブついているため、非常に投資効率が悪いわけです。

死亡保険と貯蓄は分けたほうが、投資効率は当然ながら高くなります。学資保険はあくまで「生命保険」のくくりです。貯金感覚で加入しているという人は、認識を変える必要があるでしょう。


また、学資保険に子どもの医療保険をオプションでつけている人も多いのですが、これもまた、非効率です。

ご存じのとおり、最近は保険制度がどんどん変わってきている過渡期にあります。各自治体で「医療費助成制度」をさらに拡充する動きが出始めました。例えば、東京23区では15歳までだった助成制度が18歳までとなり、高校生も医療費無料の対象（マル青・高校生等医療費助成制度）となりました。国の保険制度がここまで子どもに手厚くなっている今、医療保険は本当に必要なのか、もう一度考える必要があるでしょう。

中には、学資保険に医療保険がオプションでついていることに気が付いていない人もいます。そのため、無駄に高くなっていることがあります。学資保険に加入している場合には、もう一度保険証券をしっかり確認してみてください。

学資保険のメリットを１つ挙げるとしたら、「親に何かあった場合には、保険料をそれ以上払わずに満額もらえる」という点です。

しかし、それだけをカバーするならば、死亡保障がある掛け捨てタイプの生命保険のほうが、ずっとコストを抑えることができます。

## 伸❷コツコツと現金を貯める

子どもの教育費を貯めるにあたり、毎月少しずつコツコツと銀行に現金で貯めるという方法があります。

現金は手元にあると使ってしまいますから、給与振り込み時から口座を分けて給与天引きのような仕組みを作っておくというのもありですね。

例えば、毎月５万円を現金で貯めていくと、年間60万円。子どもが０歳から18歳の大学入学前までの19年間で１１４０万円貯められることになります。

この毎月現金を貯めていくというやり方は、**いつまでにいくら貯まるかが簡単に計算できるのが利点**です。

しかしこれは、お金を貯めるための1つの解ではありますが、僕は最善手ではないと考えています。僕が考える最善手は、次から解説する「投資」です。

## 伸 ③ NISA制度を利用して投資する

「投資で教育資金を貯める」という提案こそ、僕たちが本書で伝えたいことの一つです。

145ページのグラフのとおり、教育資金の準備方法として投資を選択している人は、少数派。しかし昨今、政府が「貯蓄から投資へ」という動きを推進しているのをご存じでしょうか。

実は、2021年度末の個人の金融資産は2005兆円。そしてその金融資産の内訳は現金・預金の割合が54・3%を占めていたそうです。一方で米国の個人の金融資産における現金・預金の比率は1割、欧州でも3割であり、日本は海外と比べて金融資産における現金比率がかなり高いといえるでしょう。

**国はこの個人の金融資産に眠る1000兆円以上の現金・預金を投資に回すことによって、個人の資産所得を倍増させようとしているのです。**

もちろん国民が何のメリットもなく投資に移行するわけはないため、政府はこの動きを推進するために、NISAやiDeCoなど投資における税制を優遇する制度も創設しています。

先ほどの現金をコツコツと貯めるというのは、まだ「貯蓄」の段階です。この貯蓄したお金を投資してはじめて、国が資産所得を増やすために用意してくれた制度を十分に利用することができるのです。

とはいえ、

「投資なんてよく分からないし、怖い」

「どうしてお金減っちゃうリスクを取ってまで投資しないといけないの?」

という人は多いことでしょう。

「投資は危険」と思っている人ほど、教育資金の準備方法として投資をするなんてとんでもない！　と考えます。

しかし、多くの人は実感していると思いますが、「日本の失われた30年」といわれる90年代から現在までの間、賃金は横ばいを続けており、ほぼ増えていません。

一方で、大学の授業料はその30年の間に、国立大学がおよそ33万円から53万円、私立大学はおよそ57万円から87万円まで膨らみました。どちらも1・5～1・6倍に増えているのです。

収入が増えないなかで、教育費だけはどんどん増えていく……それに太刀打ちするためには、ほとんど利息がつかない銀行預金だけでは、かなり分が悪いと思いませんか。だからこそ、国が優遇制度を用意してくれている投資を利用してほしいのです。

では、投資でどうやって教育資金を準備していくのか。それについて、次から説明していきましょう。

# 投資で教育資金を準備する方法

## 複利の効果を知ろう

教育資金の準備として投資をおすすめする理由の1つとして、最も大きいものは、「複利を利用できること」です。

複利とは、「運用で得た収益を当初の元本にプラスして再び投資することで得られる収益」のこと。こうすることで、利益が利益を生み出して、お金がどんどん膨らんでいくのです。

実は、あの相対性理論を提唱したアインシュタインが、「複利は人類による最大の発明だ」と言ったくらい、投資において複利は大きな効果があるのです。

たった数年で見たらそんなに大きく儲かるようには見えないと思います。しかし、子どもが生まれたときからこの元本を毎月コツコツと何万円かずつ増やし続けて、大学入学前まで19年間投資すると、かなり大きな差になって表れてきます。

**複利の例**

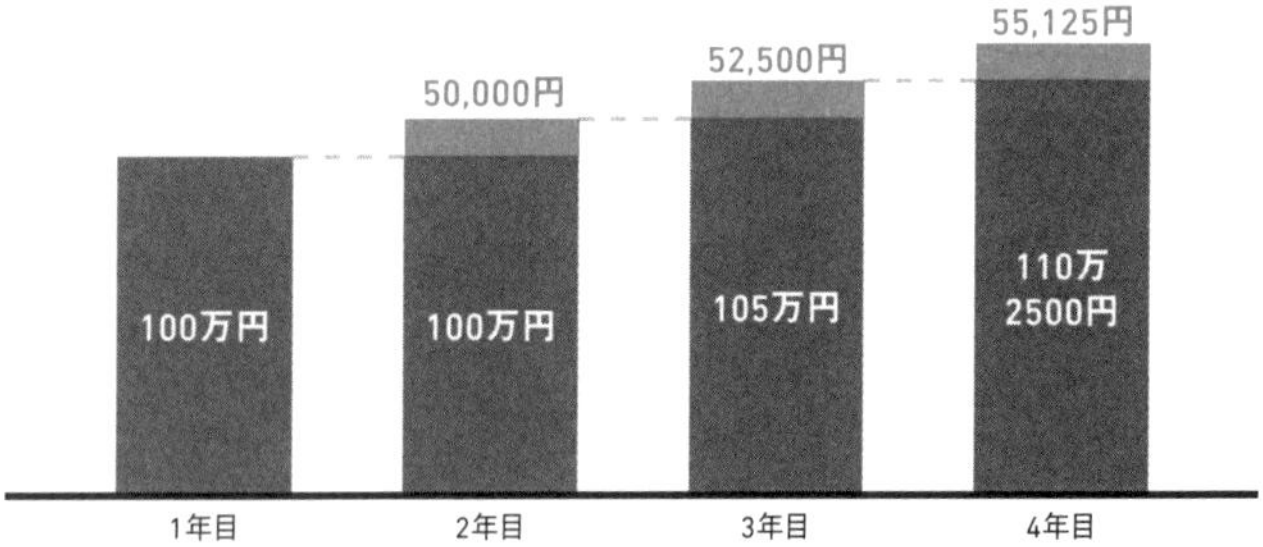


100万円を年5% で運用したら、1年後に105万円になります。そこで増えた5万円を100万円に足して再投資すると、次の年には105万円が年利5% で運用されることに。結果、5万2,500円の運用益が出ることとなります。さらにそれを同じように再投資すると、その次の年は110万2,500円が元手になります。こうしてどんどん再投資して大きくなった元本に利率をかけて利益を得ていくことが、「複利」の考え方になります。

例えば、月に５万円を銀行に積み立てた場合と、投資で年利５％で運用した場合を比べると、19年後には次の表のように５５４万円もの差が生まれます。簡単にいえば、貯金と投資では、大学にかかる費用２～３年分くらいの差が出るということです。

元本が大きくなればなるほど複利効果が上がるため、後半のほうが伸びが大きくなります。投資は長く続ければ続けるほど、複利効果の恩恵を受けられるのです。

**月5万円を19年間「銀行に預金」と「毎月投資」したその差は…**

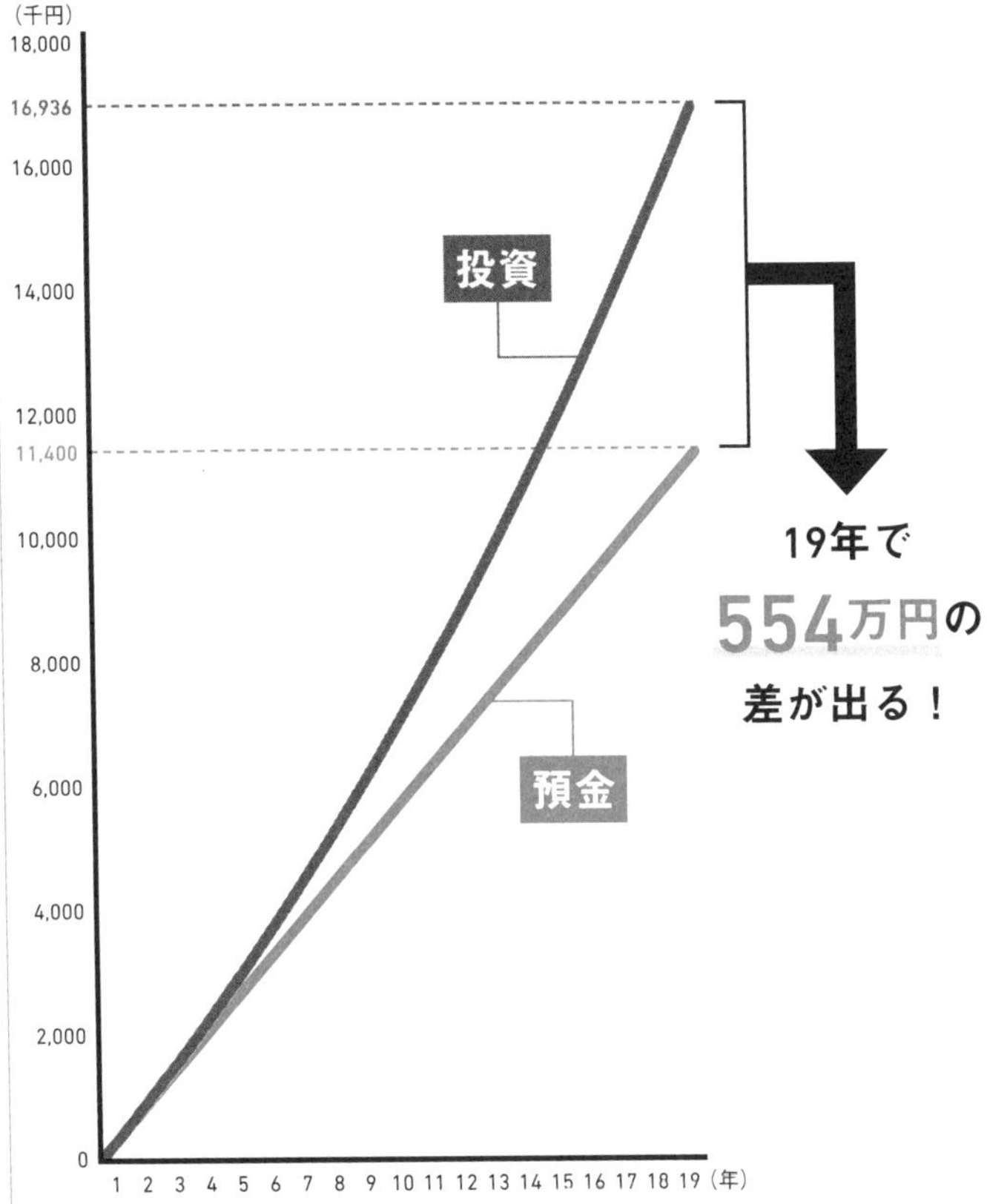


預金の場合、月5万円×12ヶ月×19年＝1140万円貯まるのに比べ、5万円を毎月投資して年利平均5% で運用したとすると、19年後には複利で約1694万円に。

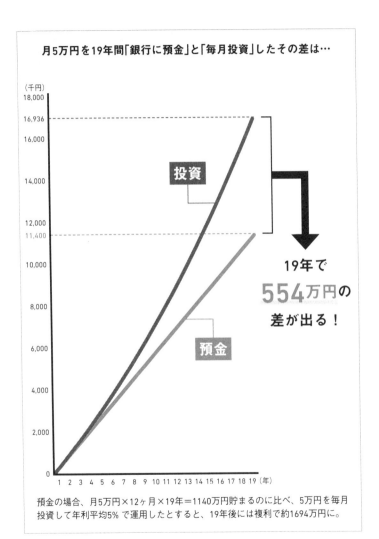

## 損失の可能性をできるだけ少なくする投資法

「でも投資って損をする可能性もあるんですよね？」

僕が投資をすすめると、投資未経験者の人からこうした言葉が返ってきます。確かに投資ですから、「100％損をしません」とは言いません。持っている金融商品の価格が下がって一時的に損失が出ることもあるでしょう。

しかし、損失が出る可能性が低い投資方法があるのです。

その投資方法とは次のとおりです。

- **毎月一定額ずつ投資する**
- **購入時期を分散させて投資する**
- **倒産がない株式指数（S&P500など）に連動する投資信託に投資する**
- **一時的に株価が下がっても、慌てずに買い続ける**

株価は一方向にずっと上がり続けることはなく、上昇・下落のサイクルを繰り返しながら推移していくものです。そこで一気に買うのではなく、「月1回」のように、

**一定額を一定間隔で買い続ける「ドルコスト平均法」でリスクは下がる**

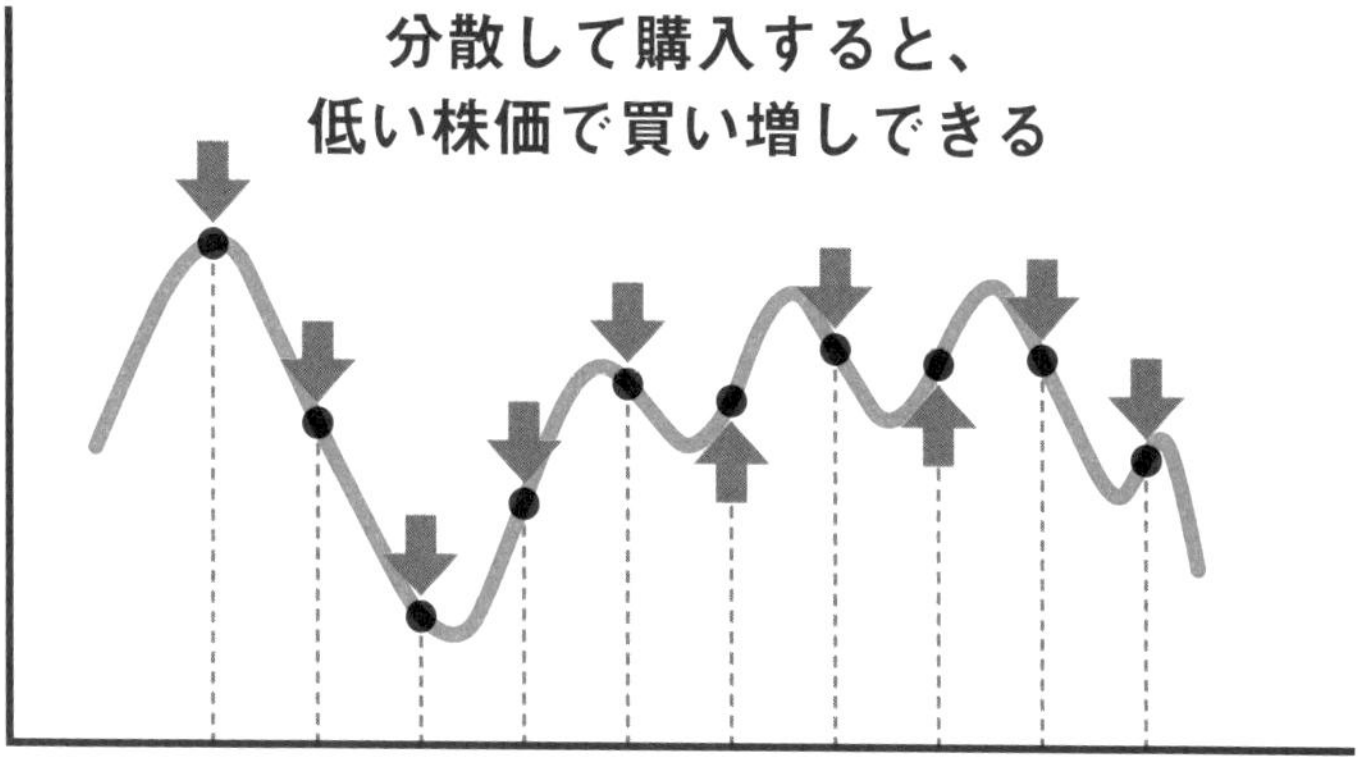
分散して購入すると、
低い株価で買い増しできる

決まったサイクルで一定金額を少しずつ買い続けると、購入を時間的に分散させられることになります。そうすると、もし価格が下がったとしても株価が低いところで多めに買うことができるので、購入単価を少しずつ下げることができ、下落リスクをカバーすることができるのです。

この投資法は「ドルコスト平均法」と呼ばれています。

また、企業の株に投資すると、その企業が倒産する可能性は0とは言いきれません。現在勢いがある企業でも、数十年後にどうなっているかなんて誰にも分からないのです。ですから個別企業の株に投資するのは、長期投資の視点から考えるとあまり得策ではないといえます。

**アメリカ上場企業500銘柄の指標「S&P500」は右肩上がり！**

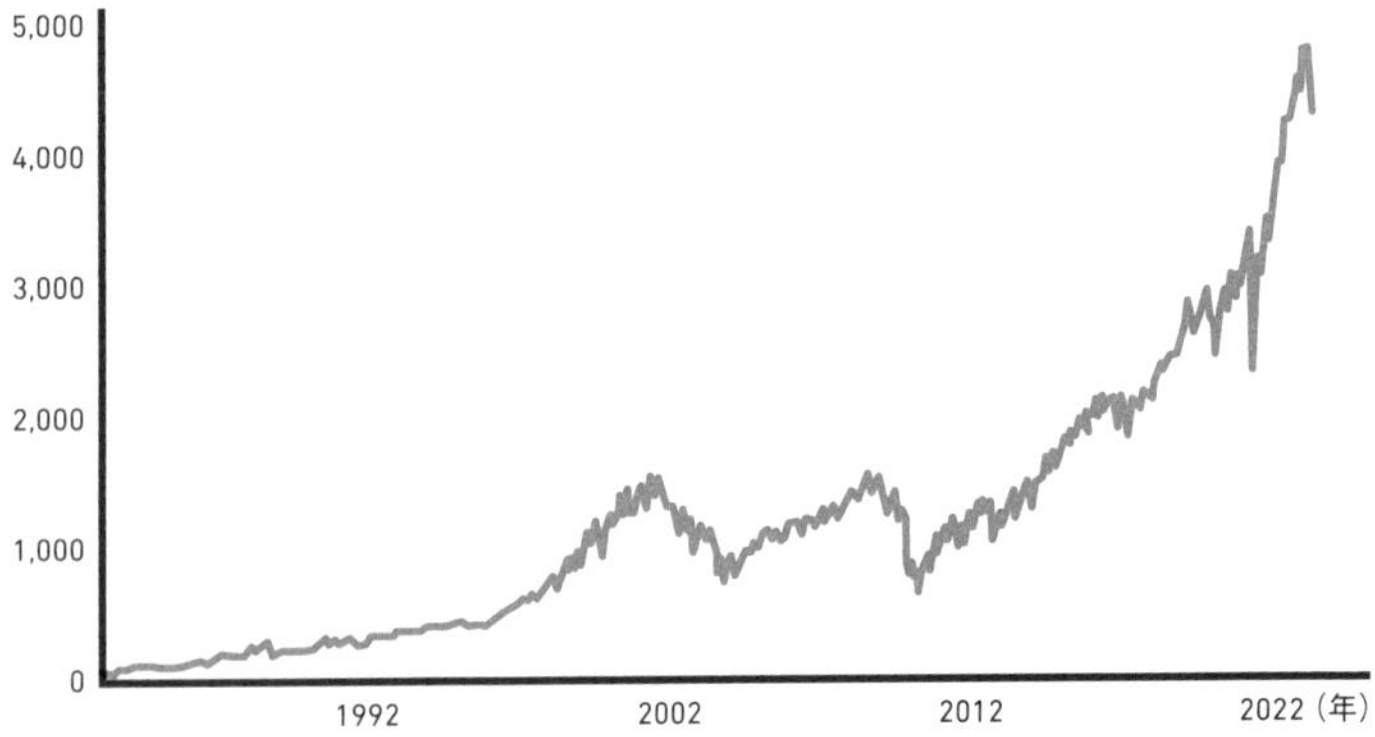


では何に投資をするべきなのでしょうか。それは、**「日経平均株価」や「S&P500」などの株価指数です。**

日経平均株価は、東証プライム銘柄のうち代表的な225銘柄、S&P500はニューヨーク証券取引所やNASDAQ（ナスダック）に上場および登録されている500銘柄を対象に、時価総額で加重平均して算出した指数のことです。

**こうした指数は、その時々で勢いのある企業に計算対象が入れ替えられるため、基本的には伸びていきます。さらに、指数なので倒産もありません。**

特にアメリカのS&P500は上のグラフのとおり、一時の上下はあれど、過去から右肩上がりに伸びていることが分かりますから、投資対象としては優れているといえるでしょう。

各証券会社は「毎月一定の日に、一定の金額ずつ商品を購入する」というように、自動でドルコスト平均法を実施する設定ができるようになっています。ですから、証券会社にお金だけ入れておいて、一回設定してしまえば、あとは寝ていても勝手にドルコスト平均法を実施してくれるわけです。

ちなみに1つ笑い話があるのですが、ある会社の調査によると、ドルコスト平均法で最も高いリターンを得ている人は「自動設定だけして投資をしていることを忘れていた人」だそうです。

毎日変動する株価を見るから、心が揺さぶられて売りたくなります。「設定だけして株価を見ない」、これが長期投資で成功するための一番の方法なのです。

面倒くさがりだったりして、細かく株価のチェックをしない人ほど、長期投資に向いているのかもしれませんね。

# 国のお墨付き!「NISA」制度で教育資金を作ろう

先に、国が「貯蓄から投資へ」をスローガンに、「NISA」や「iDeCo」など投資に関する税制優遇を行う制度を制定していると述べました。

このうち、NISA制度は投資の自由度が高い制度である一方、年金のための制度であるiDeCoは投資したお金を60歳まで引き出すことができません。そのため、子育て用の資金を貯めるには不向きです。

そこで、ここでは主にNISA制度について触れていきます。

現金をコツコツと貯めるだけではなく、複利の恩恵をフル活用するため、NISA制度を利用して、リスクの低いドルコスト平均法で投資を行っていきましょう。

## NISA制度とは

NISA制度というのは、**NISA口座で投資した金融商品から生まれる売買差益や配当金などの利益をすべて非課税で手に入れられるという制度**です。

現在、投資から得られる利益には20％以上の金融所得課税がかかるため、それが非課税になるというのはかなり大きなメリットになります。

なおＮＩＳＡ制度は２０２４年から大きく改正され、これまでのＮＩＳＡ制度に比べてかなり改善される予定です。

## ＮＩＳＡの始め方

「ＮＩＳＡって名前はよく聞くけど、どうやって始めたらいいか分からない……」という方のために、まずはＮＩＳＡの始め方について触れていきます。

主なフローは、次のとおりです。

❶ 証券会社にアカウントを作る
❷ 証券会社にＮＩＳＡ口座申請をする
❸ ＮＩＳＡ口座で金融商品を買う

順に解説していきましょう。

## ❶ 証券会社にアカウントを作る

ＮＩＳＡ口座というのは、金融機関のアカウント中にある口座の種類の１つです。ですから、まずは金融機関にアカウントを作らなければＮＩＳＡ口座を持つことはできません。

なお、ＮＩＳＡ口座は１人１口座しか持つことができないため、複数の金融機関にアカウントを持っている場合は、どの金融機関でＮＩＳＡ口座を持つかを選ばなければなりません。

ＮＩＳＡ口座は証券会社や銀行で開設することができますが、投資をする際に投資先の選択肢をできるだけ多くするため、**証券会社でアカウントを作ることをおすすめします。**

証券会社でのアカウントの作り方は各証券会社のサイトをご確認ください。

証券会社であればどこを選んでもできることは変わらないため、ご自身の使い勝手がいいところを選んでいただければと思います。

## ❷ 証券会社にＮＩＳＡ口座申請をする

証券会社にアカウントを作成したら、その証券会社にＮＩＳＡ口座を作る申請をする必要があります。証券会社によっては、アカウント作成時、同時にＮＩＳＡ口座の申請ができる場合もあります。

この手続きには数週間かかりますが、すべての手続きは証券会社が代行してくれるため、面倒なことはありません。

## ❸ ＮＩＳＡ口座で金融商品を買う

証券会社からＮＩＳＡ口座開設の連絡が来たら、投資準備完了です。

株式や投資信託などの金融商品を買う際に、「ＮＩＳＡ口座で買う」を選択することで、投資から生まれる利益をすべて非課税で受け取ることができます。

# NISA制度の覚えておくべき8つのポイント

2024年からのNISA制度の概要はどのようなものなのでしょうか。ここでは知っておくべき、重要な要素を「8つのポイント」に分けて、投資初心者の方にもできるだけ分かりやすく解説をしていきましょう。

## POINT 1 成人は1人1800万円の投資枠がもらえる

NISAの1つ目のポイントは、「成人は、1人1800万円の投資枠がもらえる」ということです。この投資枠のことを「生涯投資枠」と呼びます。

この投資枠は、成人であれば性別や年齢にかかわらずすべての人が手にすることができます。ただし、18歳以上になれば勝手に付与されるというものではありません。先述のとおり、証券会社にNISA口座の開設申請をした人だけが手にできるものなのです。

なお、この投資枠は個人と紐づいているため、夫婦であっても他人に譲渡したり、貸与したりすることはできません。

## POINT❷ 投資枠内で生まれた利益は非課税

先に述べたとおり、投資で生まれた利益には通常、20%超の税金がかかりますが、1800万円の生涯投資枠内で生まれた利益には税金がかかりません。

しかも、名前のとおり「生涯」です。この**生涯投資枠のなかに株がある限り、そこから生まれる利益には一生税金がかかりません。**

## POINT❸ 生涯投資枠の残りは入金額で計算

先に、「生涯投資枠は成人1人当たり1800万円」と述べました。ですから、NISA枠で100万円分の株を購入した場合、残りの生涯投資枠は1700万円となります。

ここまでは分かりやすいのですが、ではこの100万円分の株が値上がりして150万円相当になった場合、残りの生涯投資枠はいったいいくらになるのでしょうか？

分かりやすくイメージしてもらうために、次の図をご覧ください。

**生涯投資枠の残りは「入金額」で計算されます**

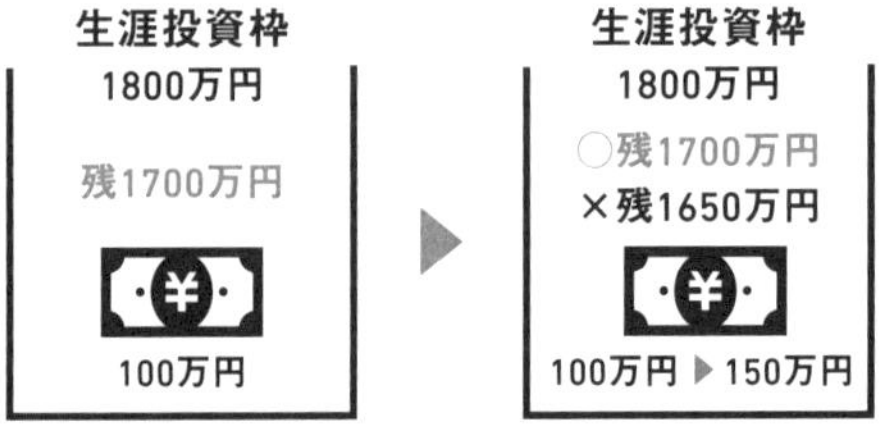


**入金した100万円が値上がりして150万円になっても、
生涯投資枠の残りは入金額で計算されるため、
100万円の入金とみなされ、残りの枠は1700万円になる**

　このように、生涯投資枠の上限は入金額で計算します。**仮に生涯投資枠に入れた100万円の株に50万円の利益が出たとしても、入金額100万円のみのカウントとなり、生涯投資枠の残りは1700万円のまま**となります。

　なお、同じ理屈ですが、入金した100万円の株が下がって50万円になってしまったとしても、入金額100万円のみのカウントとなり、生涯投資枠の残りは1700万円のままとなります。

## POINT 4 生涯投資枠は買った金融商品を売ると復活

　NISAの生涯投資枠で100万円分

**生涯投資枠は買った金融商品を売ることで復活する**

**入金した100万円のうち50万円を売却した場合、生涯投資枠の残りは50万円復活する**

の株を購入したものの、子どもの学校の入学金であったり、大きな買い物をする必要があったりして、１００万円の株のうち50万円を売って、手元に現金を持たないといけなくなることもあるでしょう。

**NISA制度では、通常の一般口座や特定口座と同様、NISA口座のなかに入っている金融商品を売却して現金にして、手元に戻すことが可能です。**

さてそのとき、上限１８００万円の生涯投資枠の残高はいくらになっているのでしょうか。上の図を見てください。

この図の例でいうと、１００万円の株を購入したら、生涯投資枠の残りの枠は１７００万円になります。この状態で50万円分の株を売却した場合、生涯投資枠の残りの枠は50万円分だけ復活して１７５０万円となるのです。

このように、ＮＩＳＡの生涯投資枠は、金融商品を購入したら残りが少なくなっていき、その金融商品を売却したら、また枠が復活します。

こうして生涯上限投資枠の１８００万円の枠内であれば、何度でも金融商品を買ったり売ったりすることが可能なのです。

この制度を上手く使うことで、私立高校入学時に入学金と授業料支払いのためにＮＩＳＡから１００万円分の金融商品を売却したとしたら、１００万円分の非課税の生涯投資枠が復活します。

その後3年間はまた積み立てを行い、大学入学時に再度１００万円分売却したとしたら、再度その生涯投資枠も復活します。

このように、ＮＩＳＡは子どもの成長に合わせて、必要な資金状況を捻出するために柔軟に売買をすることができますし、その際に利益が出ていても非課税なので、そっくりそのまま教育資金に充てることができます。

ただし、一般的に解約から数日後に現金化されますから、数週間の余裕をもっておきましょう。

**生涯投資枠は中で２種類に分かれています**

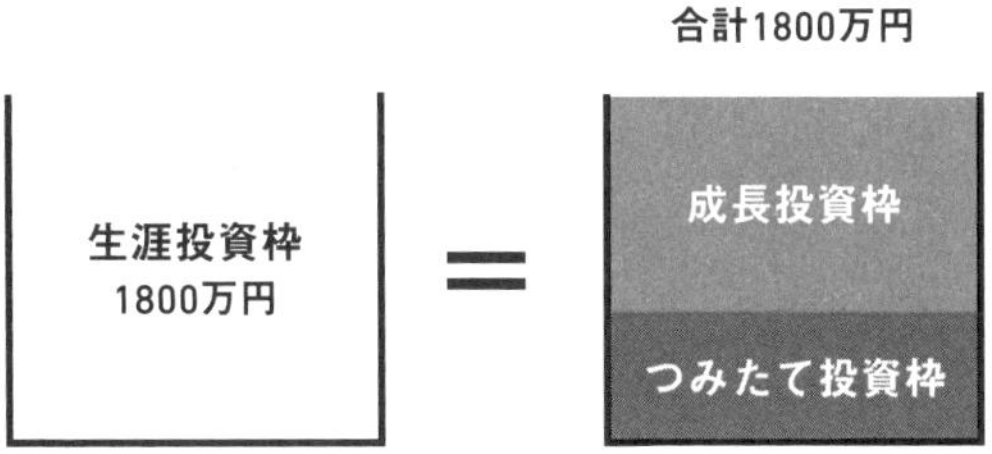


## POINT 5 投資枠は２種類に分かれている

生涯投資枠は、「成長投資枠」と「つみたて投資枠」の２つに分かれており、上の図のとおり、この２つを合計して１８００万円となっています。

今まではＮＩＳＡを始めるときに「一般ＮＩＳＡ」「つみたてＮＩＳＡ」のどちらかしか選択できませんでした。しかし、２０２４年から改正された「新ＮＩＳＡ」では、入口が１つで中で２つに分かれている仕組みとなりました。

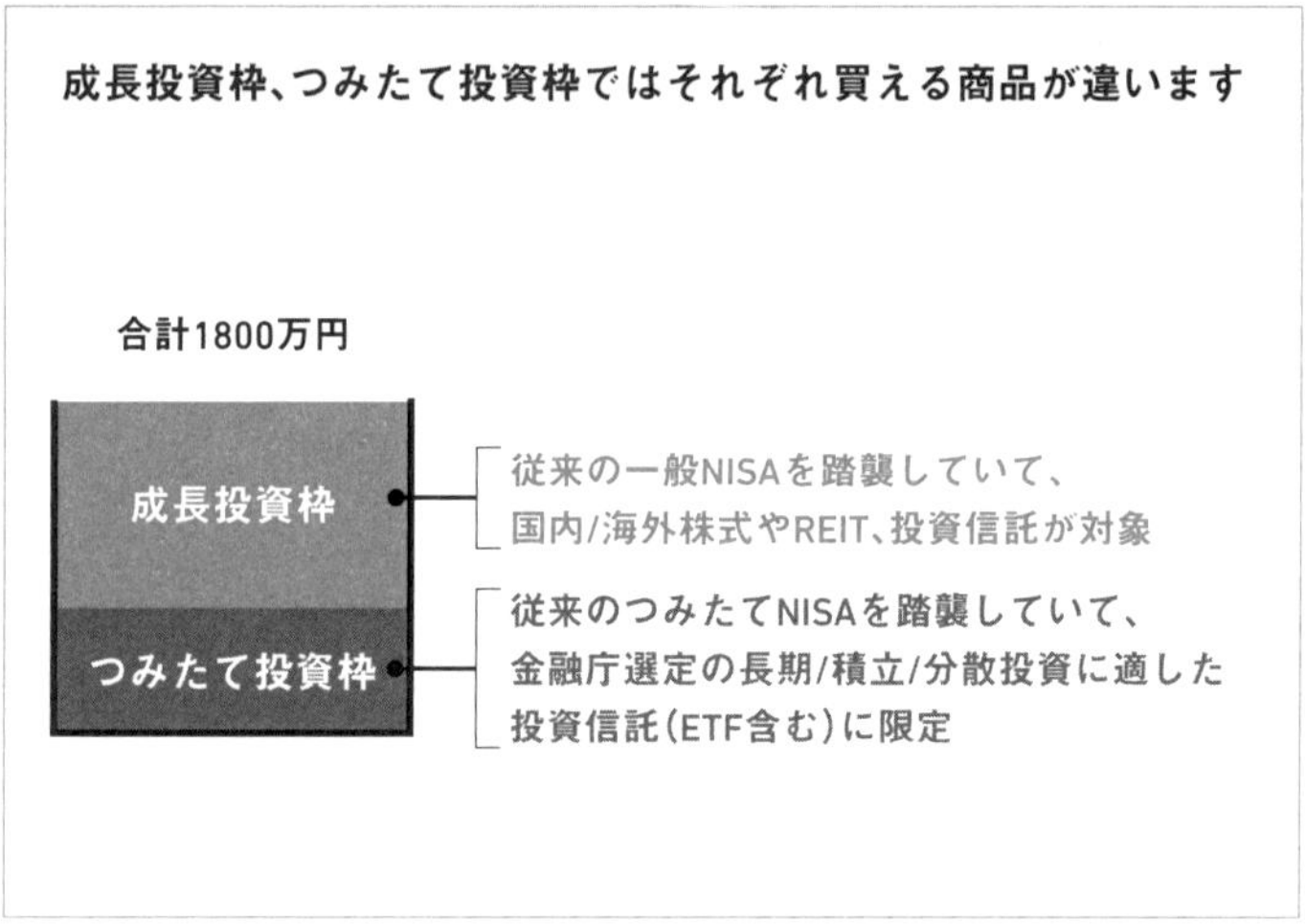
成長投資枠、つみたて投資枠ではそれぞれ買える商品が違います
合計1800万円
成長投資枠
従来の一般NISAを踏襲していて、
国内/海外株式やREIT、投資信託が対象
つみたて投資枠
従来のつみたてNISAを踏襲していて、
金融庁選定の長期/積立/分散投資に適した
投資信託（ETF含む）に限定

## POINT ⑥ ２つの投資枠では買える商品が違う

ＮＩＳＡの６つ目のポイントは、「成長投資枠とつみたて投資枠の２つの投資枠では買える金融商品が違う」ということです。次の図を見てください。

成長投資枠は、２０２３年までの従来の「一般ＮＩＳＡ」を踏襲しています。そのため、この成長投資枠では、従来の一般ＮＩＳＡで購入することができた「国内／海外株式、投資信託」といった商品を購入することができます。

一方で、つみたて投資枠は、２０２３年までの従来の「つみたてＮＩＳＡ」を踏襲しています。ですからこのつみたて投資枠の対象商品は、従来のつみたてNISAで購入することができた「金融庁選定の長期／積立／分散投資に適した投資信託（ETF含む）」に限定されています。

**成長投資枠とつみたて投資枠の一番大きな違いは、つみたて投資枠は個別株式が買えないこと**です。

つみたて投資枠のほうがリスクが比較的少なく、長期投資に適した金融商品に限定されているといえるでしょう。

## POINT 7 投資枠に入れるお金にはさまざまな制限がある

1800万円の生涯投資枠に入れられるお金には、次のような制限があります。

**（1）生涯投資枠 上限1800万円：**そのうち、成長投資枠の上限1200万円
**（2）年間投資枠 上限360万円：**そのうち、成長投資枠の上限240万円
そのうち、つみたて投資枠の上限120万円

今までは「１８００万円」という上限しかなかったのに、１２００万円、３６０万円、２４０万円、１２０万円と、上限を示す数字が一気に４つも増えました。こうなると、急に複雑になったように感じられ、混乱する人もいるかもしれませんね。次から順に説明していきましょう。

## (1)生涯投資枠の「上限１８００万円：成長投資枠の上限１２００万円」とは

今までお話しをしてきたように、ＮＩＳＡの生涯投資枠は１８００万円です。そのなかで、成長投資枠としての投資は１２００万円まで、という制限がついています。

１７０ページのＰＯＩＮＴ６の図で成長枠投資のほうが大きく描かれていたのは、１８００万円のうち、１２００万円というイメージが反映されているためです。

「じゃあ、つみたて投資枠の上限は１８００万円－１２００万円＝６００万円　ってこと？」

と思うかもしれませんが、これは間違いなので注意してください。

実は、**つみたて投資枠には上限はありません。**

どういうことかというと、成長投資枠の上限というのは、「成長投資枠を使いたかったら、生涯投資枠1800万円のうち1200万円まで使っていいよ、でも使わなくてもいいよ」ということなのです。

ですから、もし成長投資枠での投資を一切しなかった場合は、生涯投資枠は1800万円あくことになります。このとき、**生涯投資枠の1800万円をすべてつみたて投資枠で埋めることは可能**なのです。

## (2)年間投資枠の「上限360万円」について

生涯投資枠に入れられる上限1800万円は、お金を持っている人が一気に1800万円分の株を買おうとしても、できないルールになっています。

というのも、NISAでは「生涯投資枠に入れられるお金は年間360万円まで」と決まっているからです。この年間360万円の上限を、年間投資枠と呼びます。

この360万円の年間投資枠は、さらに成長投資枠とつみたて投資枠で次のように上限が違います。

### ●成長投資枠は年間240万円まで投資が可能

1　「生涯投資枠のバケツ」と2つの制限コップの関係は……

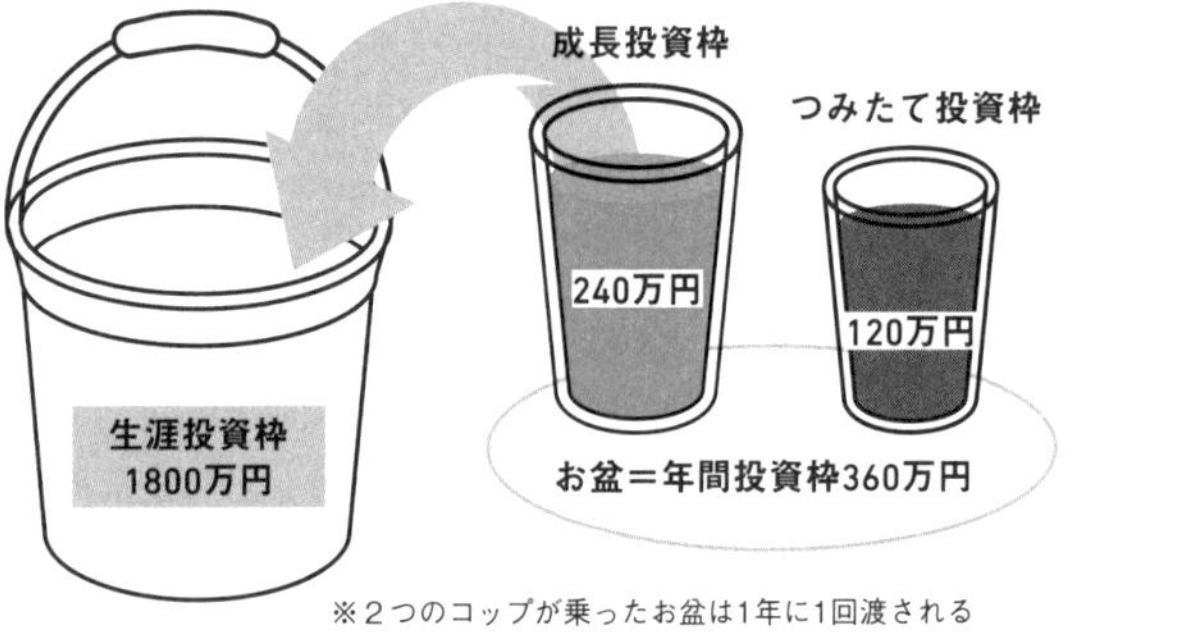


※２つのコップが乗ったお盆は1年に1回渡される

※12/31までにバケツに水（お金）を入れないとなくなってしまう

## ●つみたて投資枠は年間１２０万円まで投資が可能

頭が混乱してきたかと思いますので、それぞれの枠をバケツとコップで表した、上の図をご覧ください。

年間投資枠はそのバケツに毎年入れられる、合わせて３６０万円入る２つのコップ（成長投資枠２４０万円、つみたて投資枠１２０万円）と考えれば、分かりやすいと思います。

この３６０万円という年間投資枠は、その年の12月31日までに使い切らないとなくなってしまうので注意してください。

「年間投資枠上限は３６０万円」というこの制限により、生涯投資枠１８００万円すべて使い切るためには、どれだけ早くても「1800万円÷360万円＝5年」かかるという計算になります。

## POINT 8 年間投資枠は、その年内は復活しない

生涯投資枠と違い、年間投資枠は一度使うとその年内に復活することはできません。

バケツ（＝生涯投資枠）に水を入れるためのコップは、1年間に、

**成長投資枠240万円分＋つみたて投資枠120万円分＝合計360万円**

しか渡されないというのは、POINT7でお話ししたとおりです。

バケツ（＝生涯投資枠）に入っている水は出し入れが可能です。しかし一方で、コップのほうはそうはいきません。1年間にもらえるコップの水は360万円分。これをバケツに入れれば、当然減っていきます。バケツの水を出したときにコップに戻せればいいのですが、ルール上コップには戻せません。

ですから、例えば成長投資枠で100万円分の株を買ったとしたら、成長投資枠のコップの水の残りは、

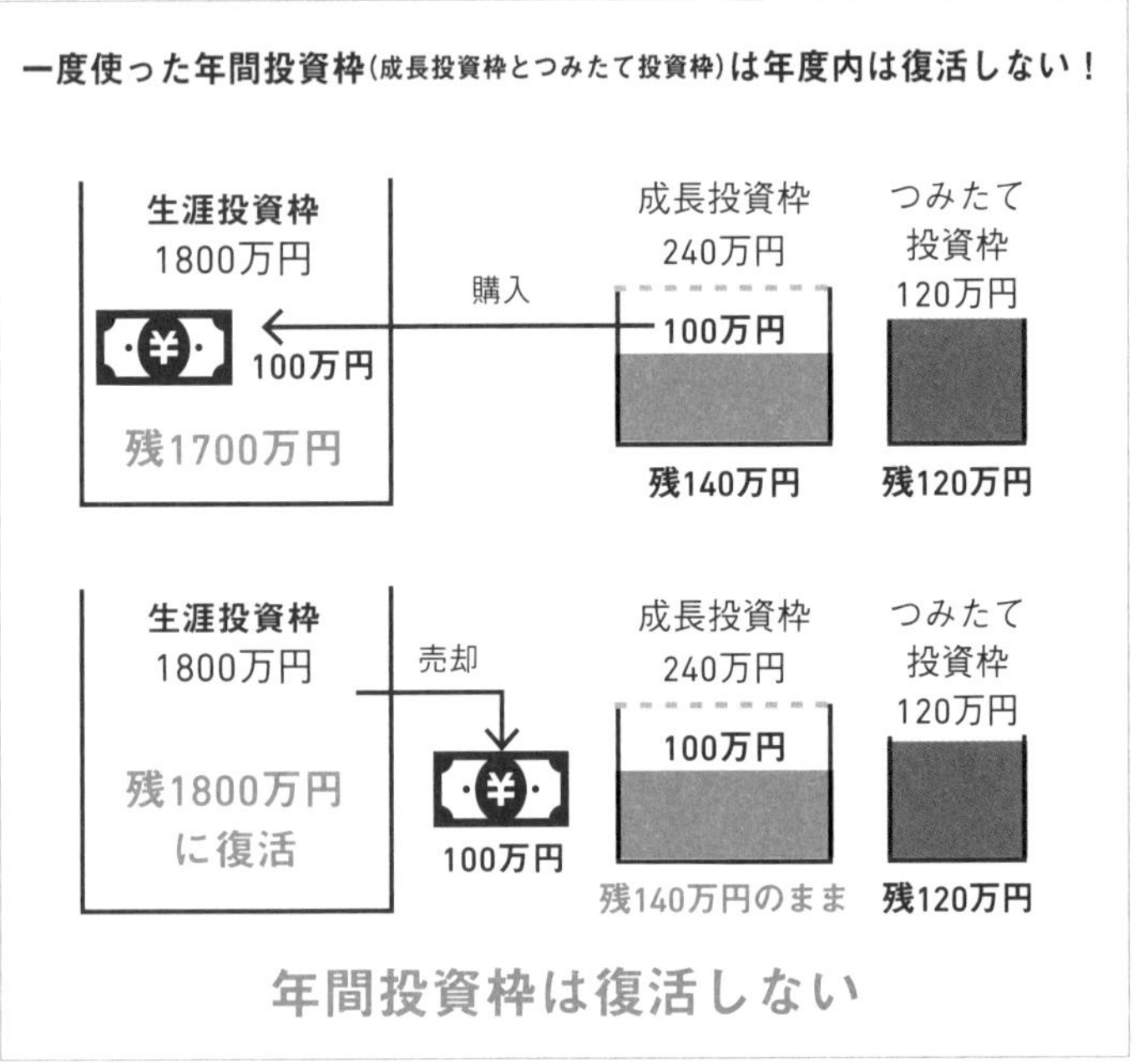


**年間の成長投資枠上限240万円－100万円＝140万円**

となります。

そのとき、同時に生涯投資枠の残り枠は100万円減りますね。

次にその100万円分の株をすべて売ったとしたら、生涯投資枠の残り枠は100万円分復活しますが、年間投資枠の成長投資枠の残り枠は増えずに140万円のままとなるわけです。

# 毎月いくらを何年積み立てる？

ＮＩＳＡについてひととおり解説してきましたが、初心者の方は「難しくて無理！」となってしまったかもしれません。しかし、投資は受験勉強とは違いますから、これを暗記する必要はまったくありません。

「あれ？　これってどうだったかな？」というときは、また本書に立ち返って都度確認しながら少しずつ慣れていきましょう。

大切なことは、「ＮＩＳＡってよく分からないから手を出せない」という状態から、「ＮＩＳＡのことは大体分かった！　やらないと損だっていうことも分かった！　少額でも、とにかく始めてみよう！」という気持ちになることなのです。

子どもの教育費のピークが何年後で、そのときにどれだけのお金が必要か、またそれをＮＩＳＡで準備するためには毎月いくらを何年投資すればよいのか？

その目安を知るために役立つのが、金融庁のサイトにある、「資産運用シミュレーション」です。このサイトでは、毎月の積立金額、想定利回り（年率）、目標金額を決めることで、毎月の積立金額を算出することができます。
https://www.fsa.go.jp/policy/nisa2/moneyplan_sim/index.html

入学までの残年数別、想定利回り別（3％／5％）で、500万円を貯めるための毎月の積立額をシミュレーションした結果が、次の一覧表です。

ここから見れば、「10年後に大学資金500万円を準備したい」というとき、利率3％で運用した場合、「毎月の積立額35、780円」が目安となります。

これを見ると、早く始めるほど楽に積み立てていけることがよく分かりますね。

とはいえ、「3年後に資金が必要」という直近の場合でも、投資期間は短くなりますが、現金で貯めておくより少しでも増える可能性はあります。そのため、僕はそうしたご相談を受けたときには、NISAの利用をおすすめしています。

この毎月の積立額は一度決めたら変えられないというものではありません。自分が昇進や転職をして給料が上がったなら投資額を上げてもいいですし、子どもの入学や家の購入などで現金が必要になった場合は投資額を下げていいのです。

一応の目標を指標として持ちつつも、何かあった場合は柔軟に対応できるのがNISAのいいところです。

## 教育資金500万円貯めるための毎月の積立額目安

| 大学入学までの残り年数 | 毎月の積立額（利率3%運用の場合） | 毎月の積立額（利率5%運用の場合） |
|---|---|---|
| 1年 | 410,968円 | 407,240円 |
| 2年 | 202,406円 | 198,524円 |
| 3年 | 132,906円 | 129,021円 |
| 4年 | 98,172円 | 94,313円 |
| 5年 | 77,343円 | 73,523円 |
| 6年 | 63,468円 | 59,619円 |
| 7年 | 53,567円 | 49,836円 |
| 8年 | 46,148円 | 42,466円 |
| 9年 | 40,385円 | 36,753円 |
| 10年 | 35,780円 | 32,199円 |
| 11年 | 32,019円 | 28,489円 |
| 12年 | 28,889円 | 25,411円 |
| 13年 | 26,246円 | 22,820円 |
| 14年 | 23,985円 | 20,610円 |
| 15年 | 22,029円 | 18,706円 |
| 16年 | 20,322円 | 17,051円 |
| 17年 | 18,819円 | 15,599円 |
| 18年 | 17,486円 | 14,318円 |
| 19年 | 16,297円 | 13,181円 |

# 家計を把握し、将来を見える化するために

# STEP 5

# わが家のお金の状況を把握しよう!

伸

# 「今あるお金」「入ってくるお金」「出ていくお金」の棚卸しをしよう！

STEP1で、将来の経済的不安を解消する一番の方法は、「今後数年～数十年にわたる収入と支出をある程度想定すること」と述べました。

10年後、15年後、子どもの学費や習い事にいくらお金がかかるのか。そうした子どもに一番お金がかかる時期に備えて、いくらずつ貯めていけば将来いくらになっているのか。こうしたことが分かるだけでも、漠然とした不安がなくなっていきます。

具体的な数値に基づいて将来の家計を見ていくことで、地に足をつけた貯蓄プランを作っていきましょう。

将来の家計を見るにあたり必要なことは次の3つです。

❶ 今持っているお金を把握する
❷ 毎月の収入を把握する
❸ 毎月の支出を把握する

それぞれについて深掘りしていきましょう。

## ❶ 今持っているお金を把握する

今、夫婦でいくらお金を持っているのかを把握するには、家族が持っているすべての現金や株式、具体的には次の3つを足し合わせるだけでOKです。

**① 夫婦の財布のなかの現金**
**② 夫婦の銀行口座のなかの現金**
**③ 夫婦の証券口座のなかの現金および株式総額**

なお、持ち家や車を持たれている方は、その資産価値を入れないのかと思われるかもしれませんが、ここでは持ち家や車の資産価値は算入しないこととします。なぜなら、「車や家の現在の資産価値」はリアルタイムに数字で明確に把握することができないからです。

むしろ毎月のローン金額のほうが明確に分かるので、資産というよりは毎月の固定支出を生み出す負債として考えたほうが、将来の試算がしやすいのです。

## ❷ 毎月の収入を把握する

今持っている資産総額を把握したら、次は毎月の収入を把握していきましょう。これは次の数字を足し合わせることで把握できます。

**①夫婦の毎月の給与所得／事業所得**
**②夫婦の賞与（ボーナス）**
**③国や自治体から定期的に振り込まれるお金（児童手当等）**

ここでは、家庭内で実際に使えるお金がいくらなのかを知ることが大事です。そのため、給与所得やボーナスは額面金額ではなく、実際の手取り金額を把握してください。

## ❸ 毎月の支出を把握する

今持っている資産総額、そして毎月の収入が分かれば、あとは毎月の支出を把握することで、月々いくら貯金でき、総貯金額がいくらになるかが分かります。
支出は固定費と変動費に分けると、より把握・削減しやすくなります。

## 【1】固定費

固定費とは、毎月ほぼ一定額の支出が決まっている項目です。例えば次のような支出を指します。

- **家賃（家を買った人はローン月額）**
- **車のローン月額や駐車場代、保険。ガソリン代等も大体一定と考える**
- **水道光熱費（ガス、電気、水道）**
- **携帯電話や家の固定インターネット、NHKなど**
- **保険料（年払いの場合は、その金額を12で割ったもの＝1ヶ月の金額）**
- **子どもの学校の給食費、保育園／幼稚園の費用**
- **高校／大学の授業料**
- **自分や子どもの習い事の月謝**
- **動画配信サービス**
- **クレジットカードやサービスサイトなどの年会費／月会費**

これらをすべて洗い出し、毎月どのくらいの金額が「必ず出ていくのか」を明確に把握してください。

固定費はクレジットカードの引き落とし明細や銀行口座の履歴を見ることでおおむね把握することができます。

## [2]変動費

一方、月々の支出を把握するためには、少なくとも1ヶ月間は何にお金を使ったのかを家計簿で記録して把握する必要がありますから、変動費を把握するには少し手間がかかります。

ただ、将来のプランニングにおいて、そこまで細かい支出を把握する必要はありません。例えば毎月の食費がざっくり月5万円なのか10万円なのかが分かればいいというイメージです。

変動費は、大体次のような支出です。

- **食費**
- **交際費**
- **交通費（電車、バス、タクシー、レンタカー、カーシェアなど）**

- 趣味（書籍や映画など）
- 医療費
- おしゃれ系（美容院、化粧品、貴金属など）
- 生活雑貨（洗剤やティッシュなど、その他全般）
- 特別支出（大きな家電購入など一過性のもの）

# 毎月の支出を見直そう

現状の把握は、あくまで第一段階です。

把握だけして満足して終わってしまってはいけません。把握したあとにきちんと支出を見直して、どこに改善の余地があるのかを分析することで、はじめて効果が出てきます。これが家計把握の真の目的です。

実際に、こうやって家計を把握しはじめると、1年間の食費、交際費、光熱費、通信費、保険料、そして1年間で貯まる貯金額まで、さまざまな情報がどんどん見えるようになってきます。

今まで家計をきちんと見たことがない人にこれをやってもらうと、たいてい「1年間でこんなにかかってるの？」とびっくりされます。

こういうことを知りながら生活するか、それとも知らずにただ漫然とそのときの気分でお金を使って生活するかで、10年後、20年後に大きな差になって表れてくるのです。

支出を見直すのは大事だと分かったけれど、具体的な見直し方についてピンとこないという方もおられると思います。ここでは、その見直し方についていくつかの視点から見ていきましょう。

## (1)固定費を見直す

家計を見直すときは、まず固定費を見直すところから始めてください。固定費から見直すべき理由は2つあります。

**1. 固定費は金額が大きいものが多く、削れる部分がたくさんあること**
**2. 固定費を一度下げると、その効果がこの先までずっと続くこと**

例えば、通信費を見直してスマホにかかる料金を月2万円下げると、そのあとは何もしなくても年間24万円下がることになります。

これは家賃を見直しても、保険を見直しても、駐車場代を見直しても、サブスクのサービスを見直しても、月々の習い事を見直しても同様です。

また、さらに見直し効果が大きいものに、車両代があります。

電車が通っておらず、職場やスーパーに行くための手段が車しかないような場所に住んでいる場合には車は生活必需品ですから、このくだりはスルーしてください。

しかし、都心に住んでいる場合には、その限りではありません。家計見直し対象の候補として、車両代を真っ先に挙げてほしいと思います。

なぜなら、**「車は持っているだけで莫大な費用がかかるから」**です。

それを「見える化」するために、「もしも寺澤家が結婚後ずっと車を所有していたら……」で試算してみましょう（実際には所有したことはありません）。

まずは、車の本体価格です。例えば、「新車の平均価格170万円、買い替え期間は7年に1回、下取り価格6割」という条件で試算してみます。結婚してからの20年間で3台乗り換え、車体の代金は510万円かかります。一方で、6割で下取りしてもらったとすると、**トータルの支払額は4割の204万円**となります。

次に、車検代です。車検費用は車種や場所により変動しますが、10万円として試算してみましょう。新車の場合は初回の車検は3年後になります。そのあとは2年ごとに受け、3回目の車検の前に車を乗り換えるとすると、 20年間で6回車検を受けることになるため、**トータル費用は60万円**となります。

次は車を持つにあたり、継続的にかかる駐車場代。僕の住んでいるエリアで駐車場を借りると、月額1万5000円、年間18万円、**20年間で360万円かかる**計算になります。もちろん都心に近づけば近づくほど、この金額は上がっていきます。

最後に、保険料、ガソリン代、税金、高速代を上記に合わせて次の金額がかかると想定します。

・保険料　　　年額5万円
・ガソリン代　月額1万円（＝年額12万円）
・税金　　　　年額4万円
・高速代、外出時の駐車料金など　月額1万円（＝年額12万円）

すると、合計で年間33万円、**20年間で660万円が上乗せ**されます。

これらをまとめると、**20年間車を持たなかったことで、1284万円も削減できた計算になる**のです。

一昔前は「家庭を持つと車を持つもの」、「子どもが生まれたら車があったほうがいい」というイメージを持っている人が多かった印象です。実際に、子どもが生まれると買い物の際のおむつなどは相当かさばりますから、車があったほうが楽です。また、子どもが夜中に熱を出して病院に連れていく際にも車があったほうが助かるでしょう。

実際に、子どもが夜中に高熱を出して救急病院に連れて行ったことが何回かありますが、すべてタクシーを呼びました。片道2000円程度、往復しても4000円です。

確かに車があったら便利なのは間違いないですが、数年に一度の緊急時のために車を保有する必要はありません。また、タクシー費用と維持費用と比較しても、圧倒的に維持費用のほうが高くつくでしょう。本当に車が必要なときは、タクシーやレンタカー、カーシェアリングを利用するだけで、「車の所有にまつわる費用」が一切かからなくなります。

もしあなたが、何となく「結婚」や「子ども」、「緊急事態」を車の必要性と結びつけて考えていたなら、その考えを見直してみてはいかがでしょうか。

まず自分が毎月定額でどんなものにお金をいくら支払っているのか。それを洗い出してから、不要なものはバッサリと切っていく。必要なものでも、同レベルのサービスを維持しながら少しでも安いものに切り替えできないかを探っていく。

こうしてどの固定費を減らしていけるかを探るのは、パズルみたいで面白いものですよ。

## (2)変動費を見直す

固定費の削減は、現在の引き落としに対して家計の大元から構造的に対応していきました。一方で変動費の見直しは、それとは大きく考え方が違います。端的に言うと「節約」なのです。

節約の仕方には2パターンあります。

### [1]上限を決めてそれを守る

他の月と比べて食費が多かった月をよく調べてみると、普段より外食が多かった、ということが見えてきたりします。そこで外食を月何回までに抑えよう、外食費はいくらまでに抑えようという決めごとを作り、きちんと守ることで、食費が減っていきます。

同様に、服を買いすぎてしまう人は、被服費の上限を設定して守る必要があります。

**家計において、どんな項目であっても、ひとまず上限を決めて守ろうとすることは非常に大事です。**これをすることで変動費が、「フタを開けてみないとどれだけ使ったか分からない」という性質のものから、「上限の枠内で最大限に使ったとしてもいくら貯まる」という風に計算ができるようになるのです。

さらに節約をしていくことで、「上限の枠内の最大値から下がった金額がすべて貯金となる」とも言えます。これはかなりモチベーションが上がりますし、モチベーションが上がることで、節約活動をさらに継続できるようになるのです。

## [2] 今と同じ満足度で安いものに変更する

これは「我慢」ではなくて「工夫」です。

例えば、会社でペットボトルのお茶を1日何本も買っている人は、給湯室でお茶を作ることでその分の支出を削れないかと工夫してみるといいでしょう。1日500円ほどかかっているドリンク代がほぼ0円になったと考えると、1年でどれくらい節約できるでしょうか。

1ヶ月に20日会社に行くとすると、1ヶ月に1万円、1年で12万円、10年だと120万円、20年だと240万円と、ものすごく大きな金額になっていきます。

同様に、会社の昼休みに10分程度でかき込む食事のために1食千円使っているなら、お弁当箱にごはんと冷凍食品や前日の残り物などを詰めて持っていって給湯室のレンジでチンするだけで1日900円くらい浮きます。

こちらもペットボトルと同様に計算すると、1ヶ月に1万8000円、1年で21万6000円、10年で216万円、20年で432万円も削減できることになります。

変動費というのは毎日数百〜数千円の細かい支出の積み重ねからできているものですから、都度意識をしながら節約するというよりは、無意識的・習慣的に買ってしまっているドリンクや食事を減らすほうが効率いいですね。

# 寺澤家で取り組んだ「無意識的、習慣的な支出」を減らすための工夫

ここまでで固定費と変動費について見てきました。参考として、寺澤家で取り組んだ「固定費の削減」ならびに「無意識的・習慣的な支出」を減らすための工夫についてお話をしていきます。

## ［1］固定費：子どもが小さいうちの家賃

都内だと、結婚してすぐに家賃10万～15万円の家に住む家族が多いですが、結婚当初、僕たちは25歳と若かったこともあり、そんなに収入も多くなかったため、とにかく家賃を抑えることを考えました。

そして手ごろな物件を必死になって探し、最終的に郊外の2DK、45㎡の集合住宅を選択したのです。

当時すでに1人目の子どもがいましたが、実際子どもが小さいうちは部屋が必要なわけではありません。広くも新しくもない家ではありましたが、住めば都。気が付けば転勤する直前まで11年も住んでいました。

**家賃15万円vs家賃7万6,000円　11年の差額は約1000万円！**

| 家賃 | 年数 | 支払金額 |
|---|---|---|
| 15万円／月 | 11年 | 19,800,000円 |
| 7万6,000円／月 | 11年 | 10,032,000円 |

**差額　9,768,000円**

家賃は、なんと月額7万6000円。

もし、僕たちが「結婚したら、都内でこれくらいのマンションに住むのが普通だよね！」といって、何も考えずに月額15万円の家を選んでいたとしたら、この11年間に支払う家賃だけでも1000万円近く変わっていたことになります（表参照）。

**【2】固定費：スマホの通信費**

今の生活になくてはならないスマートフォン。2021年からようやく値下げが始まってきましたが、それまでドコモ、au、ソフトバンクの通信大手3社は、高額な利用料を設定していました。

これまで、日本人のスマホ代の平均は月額7000円。利用ギガ数の多い人だと1万円を超していたのです。一人暮らしならそれでも大きなインパクトはなかったでしょうが、夫と妻、小学校高学年～大学生の子どもたちもスマホを持ち出すと、もう大変です。

妻は通信費見直しアドバイザーとしてさまざまなご家庭を見てきていますが、その経験のなかでも、お子さんのスマホを合わせると1ヶ月に4万円くらい通信費を払っていたご家庭は多かったそうです。

しかし、今の時代は格安SIMという選択肢があります。この高い通信費をどうにかできないかと模索し続け、2012年に格安SIMの利用という選択肢に辿り着きました。

実際に、格安SIMを利用することで、1人月額7000円だった僕たちの通信費は1人1700円となり、夫婦と上の子どもを合わせて3人で月額1万5000円以上の削減、年間だと19万円の削減となり、2012年から2023年までの11年間で209万円の削減ができたのです。

また、スマホの契約の際に、次のような理由で無駄な支出をしているケースも散見されます。

- **不要な月額課金サービスがつけられており、解約をしていない**
- **1GB／月未満の利用なのに10GB／月のプランを契約している**

### ●電話をまったくしないのに、電話かけ放題プランをつけている

こういった状況になっていないか、ぜひ一度、ご自身のスマホの契約プランを見直してみてください。

ちなみに、日本の格安ＳＩＭ利用率はまだ20％くらいだそうです。裏を返せば、日本の家庭の80％で大幅な費用削減余地が残されているということですね。

## ［3］固定費：保険

保険は人生のなかの大きな支出の1つです。特に生命保険の契約は長期間にわたることが一般的ですから、一度生命保険に入ると20～30年以上保険料を支払い続けることになります。

先に述べたとおり、1世帯当たりの生命保険／医療保険の年間支払額は平均40万円ほどなので、30年間支払い続けるとすると、１２００万円もの金額を各家庭がそれぞれ支払っていることになります。

ここまで高額な生命保険／医療保険に入るべきなのでしょうか。

答えは、ＮＯです。ただし、貯金がないうちから共働きのどちらかに万が一のこと

があった場合は大変ですから、十分な貯蓄がない若いうちに子どもが生まれた場合の死亡保険は最低限必要だと考えています。

**どのくらいの金額の保険に入ればいいかというと、遺族年金と生活費で足りない分を補充する最低限の保障が必要**だと考えてください。

この際に選ぶ保険は、「逓減型《ていげん》、掛け捨て」の保険一択です。

また、合わせて高額な保険が必要ない理由としては、日本の医療制度が整っていることが挙げられます。

日本では保険証さえあれば、「いつでも」「誰でも」必要な医療サービスを受けることができます。これは、海外と比べると相当恵まれています。保険証1枚で誰でも平等に医療を受けることができるのは、「国民皆保険制度」があるからです。

また、127ページでも触れたとおり、自己負担限度額を超えた部分をあとで返還してくれる「高額療養費制度」も我々の大きな味方です。

寺澤家でも、妻が子どもたちを出産する際、切迫早産で2度入院したことがあり、2人目の入院のときは高額療養費制度のおかげで支出は1ヶ月で8万円程度と限定的でした。

こう書くと、「あれ？　1人目のときは？」となりますよね。実は僕たち夫婦は20代半ばのときはこうした知識がなく、退院時に三十数万円支払ったのですが、**あとで申請すれば、自己負担限度額を超えた分が戻ってくる**ことなどまったく知らなかったのです。病院の支払窓口の人も、周りの人も、そして会社も、誰もそういうことを教えてくれませんでした。

僕も妻も、何年も経ったあとにこのことを知って愕然としました。そして、二度と無知によって何十万円も損をしないよう、お金に関する知識をつけようと誓ったのです。これが今の僕たちのお金の知識向上に対するモチベーションにつながっています。

ともあれ、こうした制度があることを前提に考えれば、医療費は皆さんが思うよりもはるかに安く済ませることができますから、高額な保険は不要だということもご理解いただけると思います。

**「家族を持ったらある程度高い生命保険／医療保険に入るもの」**と思い込むことなく、**冷静に判断し、くれぐれもやみくもに高額の保険に入ることのないようにしてください。**

ましてや独身の方なら、保険はまったく不要です。

僕が今入っている保険は逓減型死亡保険で年金支給型のものに入っています。万が一のことがあった場合は月額11万円×12ヶ月が、下の子が22歳になるまで支払われる保険です。下の子が22歳になるときには、僕は56歳であり、それ以降は1円も保険金が出なくなりますから、それ以降は保険を完全に0円にする計画にしています。

一般の平均が年間40万円ほどであるのに対し、寺澤家では年間2万8000円に抑えており、年間で37万2000円の差額。**20年で平均値と比べると744万円浮いている計算になります。**

また、会社の制度も見直してみてください。大手企業では従業員が亡くなったときに、残された家族に1000万円単位のまとまったお金を支払ってくれる場合もあります。こういう制度があるなら、まさに生命保険に入っているのと同じなので、個人で別途保険に入る必要はありません。

意外な盲点は、勤めている会社の健康保険組合が行っている、独自の制度です。また127ページでも触れたとおり、医療費が一定額以上になったとき、自己負担分を補助してくれる手厚い医療サポートの制度があることを知らないまま、民間の医療保険に入っている人が少なくありません。

まずは、自身の勤める会社の制度を見直してみてください。

## [4]変動費:タバコ

僕は結婚する前、タバコを1日1箱吸っていました。しかし結婚後、妻の妊娠を機にスッパリとやめたのです。妻や生まれてくる子どもに悪影響だということもありましたし、自分でもニコチンがほしいのか、口が寂しいだけなのか、よく分からなくなっていたからです。

僕が吸っていた銘柄は当時280円でしたが、今や600円もするんですね。この値上がり具合に驚きです。もしあのまま20年間吸い続けていたら、家計も、そして僕の肺も大変なことになっていたでしょう。

ちなみにこの20年間のタバコの平均価格を1箱400円として、1日1箱吸っていたとすると、1ヶ月で1万2000円かかりますから、1年間14万4000円、**20年間で288万円も費やしていた**こととなります。

これだけの費用を削減でき、健康にもなれたので、この禁煙はかなりよい効果がありました。

## [5]変動費:コンビニでの買い物

先ほどのペットボトルやランチも当てはまるのですが、習慣的な細かい買い物をコンビニではなく、スーパーで買うように心がけました。
コンビニで買うとどうしても割高になってしまいますから、**「できる限りコンビニを利用しない」と意識をすることで、1割くらいは日々の生活コストを下げることができた**のではないかと思います。

**［6］趣味**

僕は趣味の競馬をもう20年近く続けていますが、結婚する前は1部500円の競馬新聞を土日両日で購入していました。しかし、新聞を買ったとしてもそこまで的中率が上がっていると感じなかったため、情報をインターネットから取得して予想するスタイルに変更できないかと考え、実行しました。

その結果、特に問題がないと感じたため、スッパリと競馬新聞を買うのをやめ、1週間1000円、すなわち1年間（52週間）で5万2000円、**20年間で104万円の削減**となりました。

## 家計を見直す習慣をつけよう

ここまでとりあげてきた、大きな固定費で削減できそうな20年分の支出の合計が

・保険　：　744万円
・スマホ：　209万円
・家賃　：　977万円（途中転居したため11年分）
・車両費：1284万円

また、ここで見てきた、たった4つの無駄な支出の合計が下記。

・タバコ　：288万円
・ドリンク：240万円
・ランチ　：432万円
・競馬新聞：104万円

これらを合計するだけでも、20年間で4278万円も支出が減る計算となります。

このように、家計簿を見て「あれ、ちょっと支出が多いかな？」という部分にメスを入れることはものすごく大事です。見直しはたった1回のアクションかもしれないですが、5年、10年、15年という長いスパンで見ると大きなインパクトを生み出すのです。

お金を貯めるには魔法のような方法があるわけではなく、こうしたアクションをコツコツと長い期間積み上げるしか方法はありません。

そしてすでに何回か触れたとおり、このアクションを長期間続けるためには、「できるだけ我慢をしないこと、ストレスを感じないことから削減に着手すること」が重要です。

また、**思いたったらなるべく早く見直しを始めてください。時間を味方につけることで、削減効果が大きくなり、より多くの資産を形成することができるのです。**

このように、固定費・変動費をきちんと把握し、見直しをすることで、無駄な支出をそぎ落とし、お金がどんどん貯まる家計に生まれ変わっていきます。これは無駄なぜい肉をそぎ落として筋肉質になっていくイメージに近いです。

一度筋トレをしないと気持ち悪くなるくらいの習慣を身に付け、筋肉質の体を作り上げると、もう太らなくなります。

それと同様に、毎月自分が何にどのくらいお金を使ったのかが分からないと気持ち悪くなるくらい家計と向き合う習慣をつけ、削減できる支出をすべてなくすと、あとは自然にお金が貯まっていくようになります。

## ライフプランに応じた試算をやってみよう

最後に、ライフプランに応じた試算を行い、子どもが社会人になるまでに貯蓄がどのように推移するか、シミュレーションをしてみましょう。

僕が作成したオリジナルのライフプランシートのフォーマットを左のQRコードからダウンロードできます。パソコンやスマホで読み取れない場合は、URLからアクセスしてください。1つは「エクセル版」、もう1つは「Googleスプレッドシート版」です。Googleスプレッドシート版はパソコンにエクセルが入っていなくても、Googleのアカウントがあれば使用が可能です。どちらでも、自分が使いやすいほうを使ってください。

**QRコード**

【URL】https://kobunsha.box.com/s/uqzg9hpf2g84ob19y6h8ypup9oh5gr8j

### 利用準備手順

**エクセル版の場合**

URLへアクセスし、パスワード「k432664857」を入力します。2つあるファイルの内、「FIRE simulation.

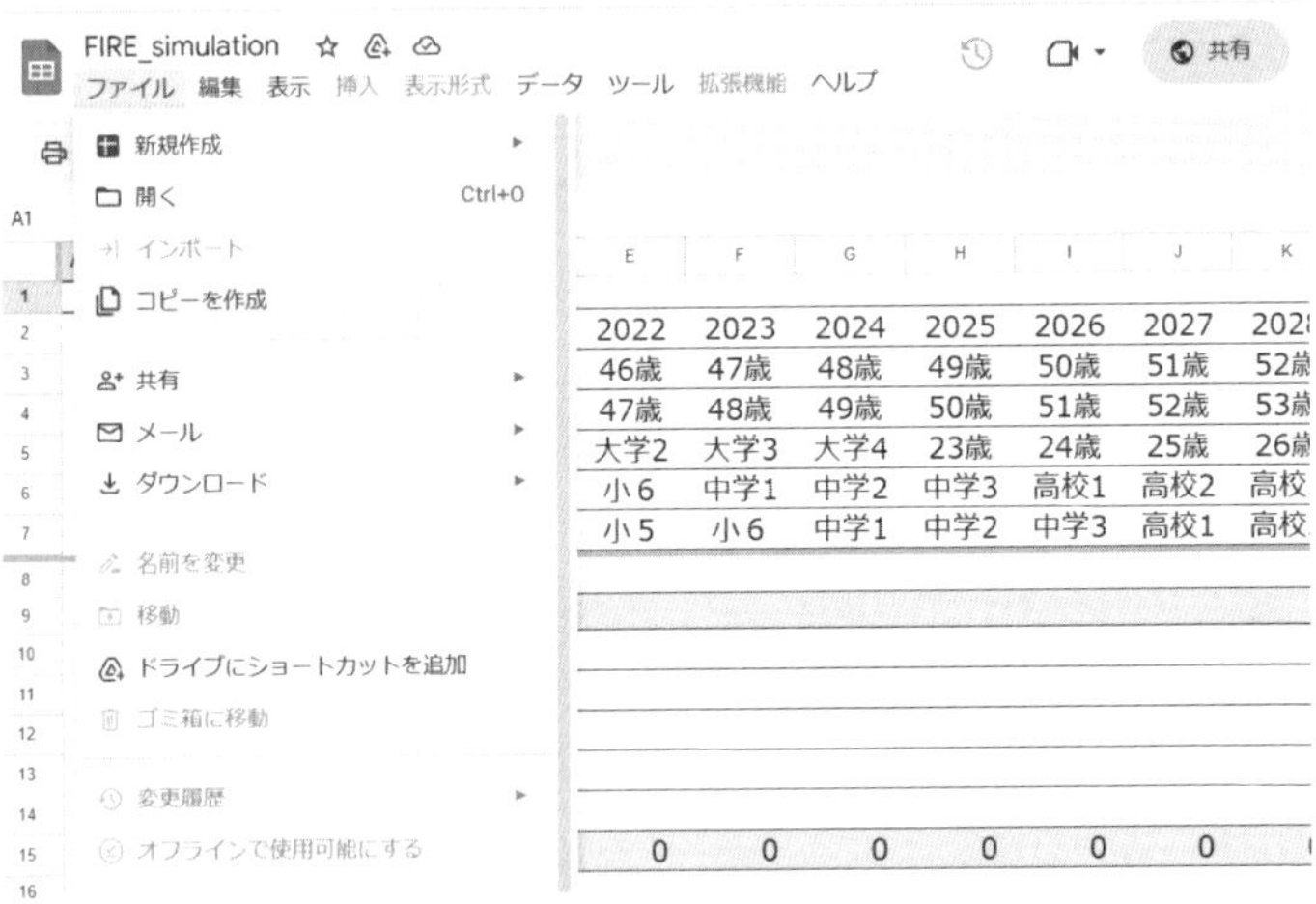


xlsx」にカーソルを当て右クリックをすると「ダウンロード」が出てくるので選択し、自分のパソコンに保存してください。

## スプレッドシート版の場合

　Googleアカウントがない場合は、新たにアカウントを作成してください。URLへアクセスし、パスワード「k432664857」を入力します。2つあるファイルの内「スプレッドシート用_FIRE simulation」にカーソルを当て右クリックすると「開く」が出るので選択。「Boxの終了」画面が出たら「続行」を選択します。Googleスプレッドシートが開いたら「ファイル▼コピーを作成」の手順でご自分のパソコンのGoogle Drive内にコピーを作成してください。

| 基本情報 | 西暦 | 2022 | 2023 | 2024 | 2025 |
| --- | --- | --- | --- | --- | --- |
| | 夫 | 46歳 | 47歳 | 48歳 | 49歳 |
| | 妻 | 47歳 | 48歳 | 49歳 | 50歳 |
| | こども1 | 大学2 | 大学3 | 大学4 | 23歳 |
| | こども2 | 小6 | 中学1 | 中学2 | 中学3 |
| | こども3 | 小5 | 小6 | 中学1 | 中学2 |

# ライフプランシートの記入のしかた

## (1)子どもが全員大学卒業するまでに何年かかるか

まずは子どもが全員社会人になるまでに何年かかるか、そして自分たちはそのとき何歳になるのかを把握しましょう。ライフプランシートの一番上に「基本情報」の欄があります。夫と妻は年齢で、子どもの年齢は学校の学年で記入してください。

子どもは大人以上に数年単位で環境が変わりますし、学年をベースにいつから塾に通わせるか、受験料・入学金・授業料や部活にかかる費用などを考えていかないといけないですから、年齢ではなく学年で表記するほうが理にかなっているのです。

一方、親側も40歳で介護保険料の支払いが開始されますし、60～65歳での定年やiDeCo積み立て終了・受け取り、65歳からの年金給付開始など、年齢をトリガーにしたイベントがあります。それを加味したうえでシミュレートするためにも、年齢がすぐに分かると便利です。

なお、子どもの枠は3人まで入力できるようにしてありますが、不要な場合・足りない場合はそれぞれ次のように対処してください。独身の方は夫、妻のどちらかの項目も不要になりますので、そちらも同様に対処できます。

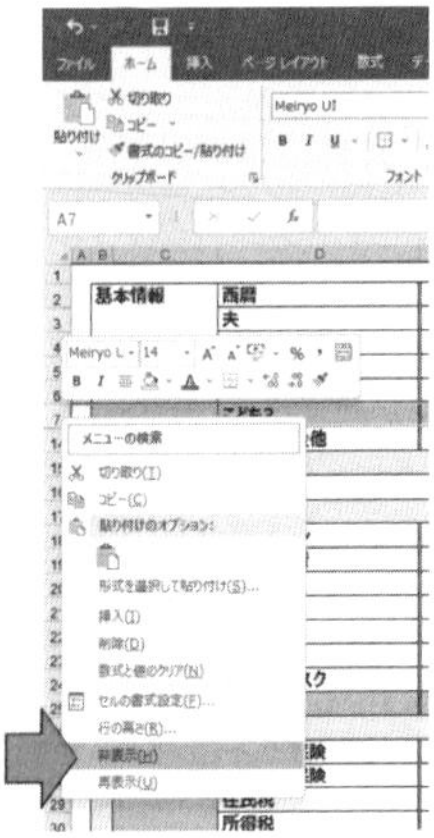


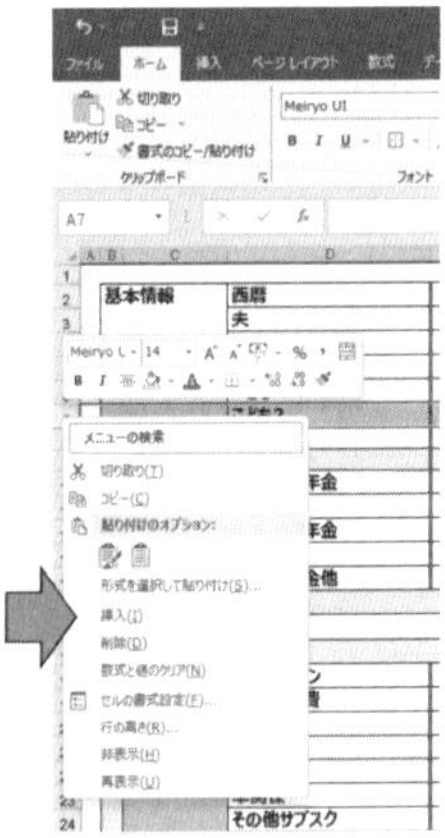


## 【不要な行がある場合】

不要な行がある場合は、該当の行を選択し、右クリックして出てくる「非表示」を選択してください。

例として、次の画像では、「こども3」（7行目）を選んで右クリックをし、そこで出たメニューのなかから非表示を選んでいます。

## 【行が足りない場合】

子ども3人分では行が足りない場合は、該当の行を選択し、右クリックして出てくる「挿入」を選択してください。

| | | | | |
|---|---|---|---|---|
| 収入 | | | | |
| | 夫給与／年金 | | | |
| | 夫副業 | | | |
| | 妻給与／年金 | | | |
| | 妻副業 | | | |
| | 株式配当金他 | | | |
| | 収入計 | 0 | 0 | 0 |

例として、次の画像では、「こども3」（7行目）を選んで右クリックをし、そこで出たメニューのなかから「挿入」を選んで左クリックし、「行全体」を選びます。こうすることで、子ども3の1行上に行が挿入されます。

## (2)収入の入力

次に収入の項目です。上の図のとおり、ここには夫婦それぞれについて「給与／年金」「副業」という項目があり、それに加えて家庭の「株式配当金他」を入力する項目があります。

ここから下は万円単位で記入していってください。将来のことなのであまり細かくしてもしかたありませんから、ざっくりとした入力で問題ありません。

それぞれの項目については、次から説明していきます。

### ❶給与／年金

給与／年金は文字どおり会社からもらえる給与、もしくは年金額を入力してください。

会社員の給与の場合は税金や保険料が天引きされているので、額面ではなく手取りを記入し、後述の支出の項目の「所得税」、「住民税」や「健康保険」、「国民年金保険」などの項目は0となります。

## ❷副業

昨今は副業を認めている企業も増えてきていますから、会社員でありながら、個人事業主となって副業をしているケースもあるでしょう。その場合は、確定申告をしたあとで別途税金や保険料を払わなければいけないので、副業の項目に収入を記入したうえで、支出の項目に支払うべき「所得税」、「住民税」、「健康保険」、「国民年金保険」で支払う金額を入力してください。

この副業には、不動産収入やYouTubeの収益、アフィリエイト収益、印税など、さまざまなものが該当します。

## ❸株式配当金他

この欄には、夫婦の持っている株式の年間配当金の合計を入力してください。こちらも税金支払後の手取り金額を記入してください。

## (3)固定費の支出入力

固定費は項目ごとに数字がある程度読めるので、次の図のように分けて記載します。

| 固定費 | 家賃/ローン | |
|---|---|---|
| | 水道光熱費 | |
| | 交通費 | |
| | 通信費 | |
| | 保険料 | |
| | 車関係 | |
| | その他サブスク | |
| | 固定費計 | 0 |

### ❶ 家賃／ローン

まずは家賃です。賃貸の方は年間の支払額を記入してください。月10万円の家賃の場合は「120」と記載することになります。

また、子どもが就職して家から出ていったあとに、部屋数の少ない部屋に引っ越しをして家賃を下げることも考えられますから、その場合は何歳から年間の支払額がいくらになるだろうということを考えながら記入をしていってください。

すでに家を購入してローンを支払われている方は、その年間の支払額を記入してください。ローンを払い終わったあとは管理費と修繕積立費だけになるなど、想定される数字を記入していくことになります。

### ❷水道光熱費

「水道光熱費」は、電気代、ガス代、水道代を足した年間支払額を記載していってください。

### ❸交通費

「交通費」は定期券の購入費用やICカードへのチャージ金額が毎年どのくらいかを試算して記入してください。

### ❹通信費

「通信費」は家の光回線やスマートフォンの年間支払額を入力します。スマートフォンにかかる費用は家族の人数による変動などを考慮して入力してください。

### ❺保険料

保険に入っている方は、年間の支払保険料額を記載してください。年齢によって保険の内容や支払額が変わってくる場合は、それも考慮して記入してください。

### ❻ 車関係

車を所有している場合は車両代・ガソリン代・駐車場代・税金・車検代などを合わせた年間の支払額を記入してください。

### ❼ その他サブスク

世のなかにはその他にもさまざまなサブスクリプションサービス（月額制サービス）があります。それらの月額支払額を合計し、12ヶ月をかけたものを入力してください。

また、これを機に不要なサブスクサービスに加入している方は、解約の手続きを進めてください。

他にも固定費があり、入力行が必要だと思われる場合は、家族構成のところでご紹介したように「その他サブスク」の上に行を追加してください。その際、追加した行も「固定費計」で合計されているかを確認してください。

| 公的年金系 | 国民健康保険 | |
|---|---|---|
| | 国民年金保険 | |
| | 住民税 | |
| | 所得税 | |
| | 固定資産税 | |
| | 公的年金系計 | 0 |

## (4)公的年金系

次に公的年金系について説明します。公的年金系には「国民健康保険」、「国民年金保険」、「住民税」、「所得税」、「固定資産税」という項目を入れています。

### ❶ 国民健康保険

会社員の場合、健康保険料は天引きされるのでこの項目は0にしてください。個人事業主の場合は家族分を毎月もしくは年一括払いで支払うことになりますから、その年間支払額を記入してください。

### ❷ 国民年金保険

国民年金保険は夫婦2人分、子どもが大学生の間に20歳になって親が払う必要があればさらに支払うことになります。子どもが就職する年からは子ども自身が払うでしょうから、

0円にしてください。

現在の国民年金保険料は1人当たり年額20万円ほどになります。この金額を60歳になるまで支払うことになります。会社員の場合、国民年金保険料は天引きされるのでこの項目は0円にしてください。

## ❸住民税

「住民税」は前年度の収益によって額が決まり、自治体から住民税決定通知書が送られてきます。その年間の支払額を記入してください。

ただし、会社員の場合は給与から引かれていますので、この項目は0円にしておいてください。

## ❹所得税

「所得税」は確定申告をした後に支払う税金です。年に1回支払い、その後年に2回予定納税（来年に支払う所得税を一部先に支払う）をしなければいけない場合があります。それらすべてを合計して入力してください。

ただし、会社員の場合は給与から引かれていますので、この項目は0円にしておいてください。

| | | |
|---|---|---|
| 投資系 | 確定拠出年金 夫 | |
| | 確定拠出年金 妻 | |
| | 積立投資 家族計 | |
| | 投資系計 | 0 |

### ❺ 固定資産税

「固定資産税」は土地や家屋といった固定資産を所有している人が払う税金です。こちらも年間の支払額を入力してください。

もしその他に定期的に毎年払う税金がある場合は、家族構成の「行が足りない場合」と同様に固定資産税の上に行を追加して記入してください。また、「公的年金系計」の欄ですべての行が合計されているかを確認してください。

## (5) 投資系

現金が減るという意味では、「確定拠出年金」や「積立投資」に振り分ける金額も一旦支出の項目へ入れておきます。

特に確定拠出年金（iDeCo）は自分の口座に現金を移すだけですが、60歳までその金額に手をつけることができませんから、手持ちの現金の残高の視点から見れば支出的な側面が強いです。

個人事業主であれば、確定拠出年金は最大で月6万8000円×

| | | |
|---|---|---|
| 教育費 | 子ども1学費 | |
| | 子ども1習い事 | |
| | 子ども2学費 | |
| | 子ども2習い事 | |
| | 子ども3学費 | |
| | 子ども3習い事 | |
| | 教育費計 | 0 |

12ヶ月で年81万6000円を支払うことになります。

また、NISA口座での投資は「積立投資」の欄に記入してください。

なおここに記入した金額は、後述の「金融資産」の項目に加算されます。

## (6)教育費

子どもの「教育費」は子どもの年齢によって大きく変動していくものなので、シミュレートしやすくするために独立した項目として扱います。

「学費」は中学、高校や大学でかかる受験料や入学金、毎年の授業料、その他設備費を指しています。また幼稚園や保育園の料金もここで計上してください。

「習い事」は、ピアノや水泳などの習い事、また公文や学習塾といった学校にかかる費用以外のものをイメージして年間にかかる金額を記入してください。

なお、こちらの枠も子ども3までしか用意していませんので、4人目、5人目を加えてシミュレートする場合は子ども3の上に行を追加して記入してください。不要な場合は家族構成同様、非表示にしてください。

教育費の具体的な数値は、STEP2で述べたように、幼稚園/保育園、公立小学校、公立/私立中学校、公立高校/私立高校、国公立大学/私立大学などの進路に応じて、入力してください。入学金や授業料だけでなく、給食費・部活動代・交通費・修学旅行代なども加味する必要があります。

また、子どもが私立中学校を受験するならば、小学4年生くらいからの学習塾代を入れておきましょう。また同様に中学生になった場合の学習塾代も試算しておいてください。

「うちは中学受験させない方針だから」というご家庭もあるでしょうし、「うちは公立高校に入れさせる」というご家庭もあると思います。ですが、まだ子どもが小さいうちは10年後くらいに受験をするかどうか分かりませんし、公立高校に入れさせたくても試験の結果がどうなるかも分かりません。

そこでこのライフプランシートはできるだけお金がかかる条件でシミュレートして

| | | |
|---|---|---|
| 変動費 | 食費 | |
| | 交際費 | |
| | 趣味費 | |
| | その他支出 | |
| | 特別支出 | |
| | 変動費計 | 0 |

ください。悲観的に計画して備えておくほうが、将来焦ることが少なくなります。

## (7)変動費

「変動費」では「食費」や「交際費」、「趣味費」は見えるようにしておき、「その他の支出」「特別支出」はまとめています。

「食費」は子どもが大きくなるにしたがって大きくなってきますし、社会人になって家を出ていくと下がるだろう、というようなことを考えながらシミュレートしてください。

「交際費」と「趣味費」はどう違うのかですが、交際費は基本的に人と会うときの費用、趣味費は自分がハマっている趣味にどれだけお金を使うかをイメージしています。

前述のとおり、ただただ節約してお金を貯めるのではなく、自身が楽しいと思うことにお金を使いながら貯めていかないと人生は無味乾燥なものになってしまいますので、「変

| 差引 | 収入計 | 0 |
| --- | --- | --- |
| | 支出計 | 0 |
| | 差引 | 0 |

動費」のなかからこうした楽しみにかけるお金は見えるようにしています。

また「特別支出」とは定期的な支出ではない大きい支出で、たとえば冠婚葬祭であったり、冷蔵庫の買い替えであったりといったところです。これを細かく想定してシミュレートするのは難しいので、過去の家計簿を参考にしてざっくりいくらかかるかを決めてください。

## (8)差引

「差引」の項目には、これまでの収入と支出の合計と、それらを差し引きした金額が表示されます。この差し引きの数字がプラスであればその年の収支が黒字、マイナスであればその年の収支が赤字になることになります。

## (9)金融資産

最後が金融資産の項目です。ここでは「現金」、「株式／投資信託」、

| | | | |
|---|---|---|---|
| 金融資産 | 現金 | 1,000 | 1,000 |
| | 株式／投資信託 | 1,000 | 1,010 |
| | 株式取崩額 | | |
| | 確定拠出年金 夫 | 100 | 101 |
| | 確定拠出年金 妻 | 100 | 101 |
| | 資産計 | 2,100 | 2,111 |

「確定拠出年金」の3項目を挙げています。

一番左の黄色に塗られたセルには、シミュレート開始年度の現金、株式、確定拠出年金の数字を入れてください。ここだけ入れると、あとは前述の収入と支出の差引で現金が自動で増減し、毎年の投資額の分だけ株式や「確定拠出年金」が増えるようになっています。

また、ここには青字で株式取崩額という行があります。ここで株式を何万円分取り崩すかを入力すると、「株式／投資信託」の合計が取り崩した分だけ減って、現金が増える試算となります。

なお株式の取引は基本的にNISA枠で行うと考え、税金がかからない前提で試算しています。

また、金融資産の表の下部には、次のような必要情報の項目があります。これを記入例に沿って入力してください。

「株式成長率」と「確定拠出年金成長率」は、それぞれ将来的に平均何%の成長率で増えていくのかをここで定義します。よ

必要情報

| | | |
|---|---|---|
| 株式成長率 | 1% | *記入例：4% |
| 確定拠出年金成長率 | 1% | *記入例：4% |
| 夫が60歳になる年 | 2036 | *記入例：2050 |
| 妻が60歳になる年 | 2035 | *記入例：2050 |

| | | | |
|---|---|---|---|
| 差引 | 収入計 | 600 | 600 |
| | 支出計 | 550 | 550 |
| | 差引 | 50 | 50 |

く金融資産の年利は4％などと言われますが、悲観的なシミュレートをすることを意識して1～2％の成長率で試算することをおすすめします。

また、夫婦が「60歳になる年」がいつかを記入してください。これを入力することで、60歳で確定拠出年金の運用を終え、最終的に貯まった金額を持っている現金に上乗せします。

こうした結果、「金融資産」の項目の一番下にある「資産計」に、毎年の現金／投資金額などの合計が出てきます。

## 1．差引の収支を見る

ライフプランシートを作成したあと、まず見るべき部分は、上の図のように「差引」の部分です。

収入－支出＝差引となっていますが、この部分がプラスであれば、毎年貯金ができる試算となりま

| | | | |
|---|---|---|---|
| 金融資産 | 現金 | 300 | 350 |
| | 株式／投資信託 | 50 | 81 |
| | 株式取崩額 | | |
| | 確定拠出年金 夫 | | 0 |
| | 確定拠出年金 妻 | | 0 |
| | 資産計 | 350 | 431 |

す。逆に、ここがマイナスであった場合、現金が毎年それだけ減っていくということを表しています。

## 2. 現金の動きを見る

次に現金の動きを見ていきましょう。現金の動きは、上図のように金融資産の欄の「現金」の項目に現れます。

悲観的に数字を入れたシミュレーションで子どもが高校生・大学生の時期を迎えてもこの現金の項目がマイナスになっていなければ、将来のお金の不安はかなり少ないといえるでしょう。

また、逆にこのシミュレーションで現金がマイナスになってしまったとしても、あまりショックを受けないでください。むしろ、そのときになってはじめてお金が足りないという状況を迎えるのではなく、先に分かってよかったとポジティブにとらえていただければと思います。

お金が足りない場合は、今から収入を増やす、支出を見直

| 金融資産 | | | |
| --- | --- | --- | --- |
| | 現金 | 300 | 350 |
| | 株式／投資信託 | 50 | 81 |
| | 株式取崩額 | | |
| | 確定拠出年金 夫 | | 0 |
| | 確定拠出年金 妻 | | 0 |
| | 資産計 | 350 | 431 |

して減らすなどを検討して、貯金を増やす動きをしてください。

また、ここで現金がなくなってしまう理由として、現金を投資に回しているケースもあります。その場合は次のようにして株式を取り崩して現金にする試算をしてください。

## 3．株式を取り崩す

シミュレーションシート上で、株式を持っていて現金がなくなってしまった場合は、株式を取り崩して現金化してください。

「株式取崩額」のところにその年に現金化する株式の金額を入れることで、株式欄の数字が減って、現金が増えます。

高校・大学では大きなお金がかかりますから、ＮＩＳＡを活用して、上手く投資と現金化をしながらこの時期を乗り切れるかシミュレートしてください。

なお、確定拠出年金（ｉＤｅＣｏ）は一度お金を入れてしま

う と60歳まで引き出すことができなくなってしまうので、大きな余裕資金がない限り、まずはＮＩＳＡを利用することをおすすめします。

## まとめ

このようにしてライフプランシートを利用し、自分たちの将来の資産がどのように推移していくのかを確認し、上手くいかなければ何度も数値を変えながら、どうすればお金が足りるようになるかを把握していってください。

なおこのシートは、子どもが全員社会人になるまでの試算だけではなく、その後の老後のシミュレーションシートとしてもご利用いただけます。

ぜひこのシートを利用して、「将来のお金の見える化」に取り組んでいただければと思います。

おわりに

# 子育てに関わる〝お金の不安〟の正体

ここまでいっしょに、子どもが生まれてから大学を卒業するまで、どれぐらいお金がかかるのかを見てきました。

「思ったよりもお金がかかるんだな……」と驚いた方も多いのではないでしょうか。

ですが、心配はいりません。

本文中でも述べましたが、不安を払拭するための最大の方法は、「将来かかるお金をきちんと知ること」です。人は分からないものに不安を感じるものです。

「これでお金が足りるのか」「子どもたちをちゃんと大学へ行かせられるのか」「自分たちの老後も大丈夫なのか」……そういったことを1つ1つ数字で確認をしていくことで、不安は消え去っていきます。

ですから、ぜひSTEP5のシミュレーションシートを活用して、5年後、10年後、

15年後の資産を見える化してみてください。将来の自分たちの家計の収支が分かれば、気持ちに余裕が出てきます。

そして、今のままだとお金が足りないと判明した場合も、今から家計の見直しをするなどの手を打てば、十分に間に合います。必要な金額を把握したあと、その金額を必要なときまでに着実に貯めるように動けばいいのです。

大切なのは、こうしたアクションを今からすぐに始めること。なぜなら、お金を貯めるには、時間が一番の味方となるからです。

家計を見直していくうえで、さまざまな知識を付け、最適な方法を探し出し、生活スタイルを変えていくのは、パズルゲームのようで面白いものです。しかも効果が出てくるとさらに楽しくなって、どんどんお金が貯まるようになっていきます。

また、本書を機に、ぜひご家庭で家族会議を行ってください。普段話をしない内容についてお互いが意見を出し合うことで、「そんなことを考えていたのか」という発見もあるでしょうし、「どんなことにお金を使いたいのか」、「どういう風に生きていきたいのか」というお互いの人生観を知るきっかけにもつながります。子どもを含めて、「家族それぞれが人生の中で何をしたいのか」が共通認識になったときに、家族全員がきちんと同じ方向を向いて、ストレスなくお金を貯めていける体制になります。

そして、本書ではＮＩＳＡの仕組みについても触れました。こんなに素晴らしい制度がありながら、まだ日本人の大半が利用していないのが現状です。投資は長期的な継続が最も大切ですから、まだＮＩＳＡを利用していない方は、なるべく早く始めていただければと思います。

本書を読んで、将来の資産をシミュレートしてみよう、家族会議をしてみよう、投資を始めてみようというように、皆様が思ってくだされば幸甚です。

人生で今が一番若いわけですから、何かを始めようとしても、遅すぎるということはありません。小さなことからでもいいので、ぜひ何か行動を起こしてください。

そして皆様が、子どもにかかるお金に憂慮することなく正しく向き合い、家族みんなで楽しく幸せに暮らしていけることを心より祈ります。

２０２３年５月

寺澤真奈美・寺澤伸洋